www.tredition.de

AF158983

Für meine zukünftigen Enkelkinder ...

*... und alle anderen, denen ich nicht
mehr über mein Leben erzählen kann.*

Wolfgang Tröger

Textbausteine

Erinnerungen aus 42 Ländern an ein Leben vor ALS

www.tredition.de

© 2015 Wolfgang Tröger

Verlag: tredition GmbH, Hamburg

ISBN
Paperback: 978-3-7323-3643-2
Hardcover: 978-3-7323-3644-9
e-Book: 978-3-7323-3645-6

Printed in Germany

Das Werk, einschließlich seiner Teile, ist urheberrechtlich geschützt. Jede Verwertung ist ohne Zustimmung des Verlages und des Autors unzulässig. Dies gilt insbesondere für die elektronische oder sonstige Vervielfältigung, Übersetzung, Verbreitung und öffentliche Zugänglichmachung.

Inhaltsverzeichnis

Vorwort 7
Usbekistan 12
Ukraine..61
Türkei 65
Turkmenistan 74
Tschechoslowakei 81
Tadschikistan...87
Spanien 91
Schweiz 95
Schweden..98
Russland 101
Rumänien 123
Polen..128
Österreich 131
Norwegen 132
Niederlande...137
„Molwanien" 138
Moldawien – Republik Moldau..................142
Macao 146
Luxemburg 147
Litauen 148
Liechtenstein...151
Libyen...152

Kirgistan	154
Kasachstan	160
Jugoslawien	168
Jordanien	172
Italien	173
Israel	180
Irland	184
Irak (Kurdistan)	187
Hongkong	192
Großbritannien	193
Griechenland	194
Georgien	197
Frankreich	198
Finnland	199
Estland	200
DDR	201
Dänemark	207
Belgien	208
Belarus - Weißrussland	212
Aserbaijan	213
Albanien	237
In der Luft	239
ALS und ich	240
Epilog	243

Vorwort

„Textbausteine" – ein zunächst eigenartiger Titel. Um diesen zu verstehen muss man die Vorgeschichte kennen, auf deren Grundlage dieses Buch entstanden ist. Daher möchte ich zu Beginn meine Situation beschreiben, um so den Zugang zu diesem Buch zu ermöglichen.

Ich wurde 1962 geboren, seit 1991 bin ich verheiratet, Vater eines Sohnes und einer Tochter. Nach einer Berufsausbildung und einem anschließenden Studium der Elektrotechnik war ich für über 25 Jahre bei einem großen deutschen Elektrokonzern als Vertriebs- und Projektingenieur tätig. Meine Aufgabe war dabei die Realisierung von technisch und organisatorisch komplexen elektrotechnischen Gesamtanlagen; die meiste Zeit betreute ich dabei Flughafenprojekte in den Ländern der ehemaligen UdSSR. Überwiegend im Rahmen dieser Tätigkeit besuchte ich über 40 Länder und konnte die unterschiedlichsten Eindrücke und Erfahrungen sammeln.

Die Wende in meinem Leben kündigte sich ganz unspektakulär im Sommer des Jahres 2010 an. Mir fiel auf, dass ich bei bestimmten Bewegungen meiner rechten Hand zunehmend Probleme hatte. So wurde es immer schwieriger, mit der rechten Hand einen Schlüssel umzudrehen oder den Rasierapparat wie gewohnt durch mein Gesicht zu lenken.

Auch begannen die Muskeln in meinen Oberarmen immer wieder zu zittern; dies verursachte keinerlei Schmerzen und führte zu keinen Beeinträchtigungen – es sah eigentlich eher lustig aus – aber zusammen mit den Problemen mit der Feinmotorik der rechten Hand war dies der Grund, zum ersten Mal in meinem Leben einen Neurologen aufzusuchen. Nach einigen ambulanten Untersuchungen hat mich dieser dann zur weiteren Abklärung in eine neurologische Klinik überwiesen. Am Ende dieser klinischen Untersuchungen eröffnete mir der Chefarzt, dass ich möglicherweise an einer Amyotrophen Lateralsklerose (ALS) erkrankt sei, dass man bezüglich der weiteren Krankheitsentwicklung und deren Geschwindigkeit keinerlei Prognosen wagen könne, dass man aber außer einer Behandlung der Symptome und der frühzeitigen Nutzung von Hilfsmitteln an der fortschreitenden Krankheit selbst nichts ändern könne. Er hat mir detailliert erläutert, dass es sich bei der ALS um eine unheilbare und fortschreitende neuromuskuläre Erkrankung handelt, die mehr oder weniger schnell zu einem Funktionsverlust der gesamten willkürlich kontrollierbaren Muskulatur führt. Konkret führte es bei mir dazu, dass ich fünf Jahre nach der Diagnose keine Funktionen mehr in beiden Armen habe, dass die Beine lediglich nur noch etwas Stabilität beim Umsetzen von z.B. dem Bett in den Rollstuhl geben, dass ich meinen Kopf nicht mehr ohne geeignete Stütze gerade auf dem Hals halten kann, dass die

Atmung nur noch bedingt funktioniert und ich daher vor allem nachts oder beim Liegen auf eine künstliche Beatmung angewiesen bin und nicht zuletzt, dass durch die Einschränkung der Mundmotorik und der Schluckmuskulatur eine normale Ernährung nicht mehr möglich ist und ich mich seit fast einem Jahr mit Hilfe einer PEG-Sonde künstlich ernähren muss.

Aber die für mich am meisten belastende Einschränkung ist der weitgehende Verlust der verbalen Kommunikationsfähigkeit; durch die Lähmung der Zunge bin ich nicht mehr in der Lage verständlich zu sprechen. Sicher kann ich mit den Personen, die laufend Kontakt mit mir haben, eine gewisse Kommunikationsbasis finden, die im Wesentlichen auf ja/nein-Fragen beruht und die umso besser funktioniert, je mehr mich der „Gesprächs"-Partner kennt und somit fast schon erraten kann, was ich in welcher Situation vermutlich sagen möchte. Zum Glück gibt es allerdings heute ein breites Angebot an elektronischen Hilfsmitteln. Ich nutze z.B. einen PC mit entsprechender Software, an dem ich mit Hilfe einer Maus mit Beschleunigungssensor, die an meiner Brille befestigt ist und mit Bewegungen des Kopfes den Mauszeiger steuert, Sätze eingeben bzw. vorbereitete Phrasen abrufen und sie dann mit einem Sprachausgabeprogramm vorlesen lassen kann. Das entspricht zwar nicht einer normalen Unterhaltung, aber mit der nötigen Disziplin und Geduld kann ich mich so doch relativ gut mitteilen.

Ich war nie ein besonders extrovertierter und kommunikativer Mensch, allerdings habe ich mich immer gerne unterhalten und in diese Unterhaltungen auch gerne eigene Erlebnisse oder nette Geschichten aus meinem Leben eingebracht. Genau dies ist mir aber spontan auch mit Kommunikations-PC nicht mehr möglich. Bis ich einen entsprechenden Beitrag in das Gerät eingegeben habe und vorlesen lassen könnte, ist die Unterhaltung schon weitergegangen, und der mühsam formulierte Beitrag passt nicht mehr. So ist die Idee entstanden, in Ruhe die Erlebnisse zu reflektieren, entsprechende Texte zu formulieren und für eine Verwendung zu gegebener Zeit abzuspeichern.

Diese Geschichten und kurzen Anekdoten waren also ursprünglich gedacht als „Textbausteine" für Unterhaltungen – daher trägt das Buch auch diesen Titel. Für eine Veröffentlichung sind sie allerdings nun etwas anders und sorgfältiger formuliert. Ich lege Wert auf die Feststellung, dass die Geschichten auf persönlichen Erinnerungen, auf eigenen Erfahrungen oder Erzählungen von anderen beruhen. Die geschilderten Sachverhalte sind rein subjektiv und in keiner Weise das Ergebnis von objektiven Recherchen. Ich habe daher auch weitgehend auf die Nennung von Namen verzichtet um nicht Gefahr zu laufen, die Persönlichkeitsrechte der „Mitwirkenden" zu verletzten. Sollte der Rückschluss auf bestimmte Personen auch ohne Nennung von Namen nicht ausgeschlossen sein, habe ich die Handlung dem virtuellen Land „Molwanien" – mehr dazu in der Länderbeschreibung - zugeordnet.

Ergänzend zu der beschriebenen Motivation für diese Zusammenstellung von Erinnerungen sind allerdings auch noch zwei weitere Aspekte zu nennen. Zum einen gab es immer wieder durchaus ernsthafte Aufforderungen von Freunden, Kollegen und Bekannten in der Art, „über das, was Du im Laufe der Zeit erlebt hast, solltest Du ein Buch schreiben". Zum anderen gibt mir das Schreiben an sich eine gute und durchaus angenehme Möglichkeit, die Vergangenheit nochmals Revue passieren zu lassen, ohne mich mit jemand anderem unterhalten zu können.

So lade ich den Leser ein, mit mir einen Streifzug durch die Länder, die Jahre und meine Erinnerungen zu unternehmen. Aus meiner Sicht ist die vorliegende Sammlung nicht unbedingt ein Buch, das man von vorne bis hinten durchliest, sondern vielmehr immer mal wieder einige Seiten, vielleicht auch um aus konkretem Anlass Eindrücke über ein bestimmtes Land aus meinem persönlichen Blickwinkel zu ergänzen. Dabei wünsche ich viel Spaß.

Die Länder sind alphabetisch sortiert – allerdings in umgekehrter Reihenfolge, um mit dem Land beginnen zu können, in dem ich am längsten war und aus dem die meisten Geschichten und Informationen kommen.

Usbekistan

Usbekistan ist ein zentralasiatischer Staat, der nach dem Zerfall der Sowjetunion 1991 gegründet wurde. Auf einer Grundfläche, die mit ca. 450.000 km² um 20% größer ist als Deutschland, leben nur gut 30 Mio. Einwohner – 10% davon in der Hauptstadt Tashkent.

In diesem Land habe ich insgesamt die meiste Zeit meiner beruflichen Auslandstätigkeit verbracht. Wir haben dort über Jahre laufende Projekte realisiert, weswegen dort auch immer eine mehr oder weniger große Gruppe an Kollegen im Einsatz war. Das hatte natürlich den Vorteil, dass sich in der Freizeit leichter die Gelegenheit zu Unternehmungen ergeben hat als auf einer üblichen Dienstreise, die sich eher auf Flughafen, Taxi, Besprechungszimmer, Hotel und irgendwelche Restaurants beschränkt. Usbekistan war ein Land, in dem ich mich relativ gut gefühlt habe, in dem ich eine sehr gute Beziehung zu Land und Leuten aufgebaut habe und das ich von allen meinen Zielländern wohl auch am besten kennengelernt habe.

Dadurch ergab sich natürlich auch, dass mir die Unterschiede zwischen dem Leben in Usbekistan und in Deutschland am deutlichsten bewusst wurden. Obwohl es natürlich nahe liegt, von einer „besseren Situation in Deutschland" und einer „schlechteren Situation in Usbekistan" zu sprechen, bin ich mehr und mehr von einer Wertung abgekommen. Es gibt sicher objektive Kriterien, wie beispielsweise die volkswirtschaftliche Situation, die Verwaltung oder das Gesundheitswesen, bei denen Deutschland besser aufgestellt ist. Es gibt aber auf der anderen Seite Aspekte wie Zufriedenheit, Gastfreundschaft, Hilfsbereitschaft, Improvisationstalent und Lebensfreude, die ich in Usbekistan viel deutlicher wahrgenommen habe als bei uns. Selbstverständlich war auch ich jedes Mal froh, wenn ich wieder nach Hause geflogen bin, aber mein Blickwinkel auf die einen oder anderen Probleme, die wir in Deutschland haben, glauben zu haben oder uns manchmal selbst machen, hat sich durch dieses „Wandeln zwischen den Welten" schon deutlich geändert.

Ankunft in einer anderen Welt

Die Anreise nach Usbekistan ist relativ unspektakulär. Die Flüge sind überwiegend tagsüber und die Zeit kommt einem entgegen, so dass man auch nicht übermüdet ist – dieses Problem hat man dann erst am nächsten Morgen, wenn man umgerechnet um 4 Uhr deutscher Zeit im Büro sein muss. Dass man in einer anderen Welt angekommen ist merkt man allerdings in dem Moment, in dem man das Flughafengebäude in Tashkent betritt. Die Passkontrolle läuft noch relativ gewohnt ab – ein entsprechendes Visum muss man sich bereits im Vorfeld beschafft haben, so dass es nicht wirklich viel zu kontrollierten gibt. Bei dem Thema Gepäck sieht es dann schon etwas anders aus. Ein wesentlicher Unterschied besteht schon darin, dass man nach dem Abholen des Gepäcks damit durch die Einreisekontrolle des Zolls muss. Dort wird der Pass nochmals kontrolliert, das Gepäck vollständig durchleuchtet, ggf. eingeführte Devisen geprüft und die entsprechende Zollerklärung entgegengenommen. Wenn alles in Ordnung ist, geht es relativ schnell, wenn aber ein Mitpassagier vor einem ist, bei dem der Zoll das Gepäck öffnen lässt und sich irgendwelche Probleme ergeben, verzögert das schon. Wenn man sich vorstellt, dass in einem ankommenden Airbus ein paar Hundert Leute sind und der Zoll mit z.B. fünf Geräten abfertigt, kann man sich vorstellen, wie lange sich das hinziehen kann. Wenn dann nicht nur ein Flieger gleichzeitig ankommt braucht man schon Geduld.

Wenig Hilfe bringt hier ein Priority-Aufkleber, wie ihn die Lufthansa üblicherweise auf dem Gepäck von Business- und Statuskunden anbringt. Dieses Gepäck wird üblicherweise am Schluss verladen und steht somit am Zielflughafen als erstes zur Rückgabe zur Verfügung. Nicht so in Usbekistan. Das als letztes verladene Gepäck wird als erstes aus dem Flugzeug auf die Ladefläche eines LKW verladen, dann aber mit dem übrigen Gepäck überhäuft. Die logische Konsequenz ist, dass beim Entladen im Terminal zuerst alle anderen Gepäckstücke auf das Band gelegt werden, bevor dann ganz am Schluss die Priority-Gepäckstücke wieder zum Vorschein kommen.

Wesentlich effektiver ist es, wenn man sich der landestypischen Methode bedient. Man drückt gleich nach der Passkontrolle seine Gepäck-Abschnitte einem mehr oder weniger offiziellen Service-Mitarbeiter in die Hand. Dieser verschwindet dann durch irgendwelche Türen - oder auch durch die Wanddurchführungen des Gepäckbandes - und kommt in einer erstaunlich kurzen Zeit mit genau den gewünschten Gepäckstücken wieder hervor. Unter Umgehung jeglicher Schlangen an der Zollkontrolle stellt er das Gepäck auf das Transportband eines Röntgengerätes des Zolls – es stört ihn auch nicht, wenn er das Gepäck von anderen erstmal zur Seite räumen muss – und gibt einem dann ein Zeichen, direkt nach vorne zur Kontrolle zu kommen. Dies bringt einem einen wesentlichen Zeitvorteil und vereinfacht das Handling von üblicherweise mehreren Gepäckstücken gewaltig. Das Gepäck wird dann auch schnell auf einen Wagen geladen und zum Auto gebracht. Der Helfer freut sich über ein paar Dollar und erkennt einen dann bei der nächsten Einreise gerne wieder. Man muss als Deutscher allerdings die anerzogene Höflichkeit, dass man sich nicht vordrängt und geduldig wartet, bis man an der Reihe ist, bei derartigen Aktionen vergessen. Als Einheimischer ist man die Bevorzugung insbesondere von ausländischen Gästen allerdings in vielen Bereichen gewohnt, so dass sich negative Reaktionen der normal Wartenden in Grenzen halten – Willkommen in Usbekistan!

Rückkehr in die deutsche Wirklichkeit

Bei der Rückreise sieht es schon etwas anders aus. Aus der Zeitverschiebung, den Nachtflugverboten auf Flughäfen wie Frankfurt und auch den optimierten Einsatzplänen der Flugzeuge ergibt es sich, dass Flüge aus Zentralasien üblicherweise zwischen 2 und 4 Uhr in der Nacht abfliegen. Das ist eine Zeit, die eigentlich zu früh ist um normal zu schlafen, andererseits aber auch zu spät, um ohne zu schlafen direkt zum Flughafen zu fahren. Das heißt, dass die Nacht auf jeden Fall ziemlich belastend ist. Da wir am Flughafen gearbeitet und entsprechenden Kontakt zu der Flughafendirektion hatten war es zum Glück überwiegend so, dass wir den sogenannten CIP-Check-in benutzen durften. Das ist ein eigener Bereich, in dem die Abfertigung deutlich entspannter und komfortabler erfolgt als im normalen Check-in. Man kann dort in bequemen Leder-Sitzgruppen warten, bekommt Häppchen und Getränke kostenfrei angeboten und wird als letzter mit einem eigenen Kleinbus zum Flugzeug gebracht, wenn die übrigen Passagiere bereits an Bord untergebracht sind.

Ich habe es immer als den Moment des Wechsels in das „normale Leben" empfunden, wenn ich übernächtigt nach einem Abendessen, anschließend vielleicht noch dem Besuch einer Bar um die Wartezeit zu vertreiben, der Fahrt zum Flughafen und dem Check-in dann die Treppe zum Flugzeug hochsteige, meinen Platz einnahm, und mich dann eine überaus freundliche, lächelnde Lufthansa-Stewardess auf Deutsch mit den Worten empfing: „Darf ich Ihnen ein Glas Champagner oder einen Orangensaft zur Begrüßung anbieten?" Da wusste ich – jetzt bist Du irgendwie wieder zurück in Deutschland. Nach Möglichkeit habe ich dann nach meiner Ankunft in Frankfurt am frühen Morgen die Zeit bis zu meinem Anschluss-Flug nach Nürnberg für eine Dusche genutzt. So konnte ich mich nach der Nacht und dem üblicherweise recht erfolglosen Versuch, im Flugzeug zu schlafen, dann doch halbwegs wach wieder leichter unter die Zivilisation mischen. Beim Blick aus dem Flugzeug auf die grüne, frische und vertraute Landschaft war ich dann immer wieder glücklich, hier leben zu dürfen.

Wie wohnt man als Reisender in Tashkent?

Bei meinen ersten Reisen nach Tashkent habe ich wie alle Geschäftsreisenden in einem großen Hotel einer der internationalen Hotelketten übernachtet. Es gibt für den Gelegenheitsbesucher auch keine vernünftige Alternative, da schon allein die erforderliche polizeiliche Registrierung für ausländische Besucher nur von den hierzu autorisierten Hotels vorgenommen wird.

Diese internationalen Hotels sind – wie der Name schon sagt – nicht besonders landestypisch. Sie sind eine Möglichkeit, für relativ viel Geld problemlos zu übernachten. Im Laufe der Jahre sind jedoch auch immer mehr kleinere Privathotels entstanden, die deutlich günstiger und persönlicher sind. Vor allem die Nebenkosten, z.B. für ein Bier oder eine Kleinigkeit zum Essen in der Hotelbar, sind hier erheblich geringer, was das private Budget doch merklich entlastet. Andererseits sind diese Hotels meist nicht berechtigt, die polizeiliche Registrierung vorzunehmen. Dazu müssen sie letztendlich wieder mit einem der großen Hotels kooperieren, um für die Gäste eine Registrierung durchführen zu können. Die Kosten für diese externe Registrierung werden natürlich zusätzlich in Rechnung gestellt, was den zunächst günstigeren Zimmerpreis wieder anhebt.

Nachdem absehbar war, dass ich öfter und länger im Land sein werde, habe ich mir mit Unterstützung meiner Firma eine dauerhafte Registrierung, also praktisch einen Wohnsitz in Tashkent, beschafft. Dafür habe ich sozusagen einen offiziell registrierten Mietvertrag geschlossen und im Gegenzug eine permanente Registrierung in meinen Pass gestempelt bekommen. Diese musste ich dann nur jährlich nach Ausstellung eines neuen Jahresvisums verlängern und hatte kein Problem mehr, mir für jeden Aufenthalt eine neue Registrierung besorgen zu müssen. Damit hatte ich die Möglichkeit, auch in privaten Wohnungen, von denen meine Firma einige bei Bedarf vermitteln konnte, wohnen zu dürfen.

Das Wohnen in normalen Wohnungen war nun natürlich sehr landestypisch und hat mir Eindrücke von Land und Leuten ermöglicht, zu denen man im Sheraton oder Interconti keine Chance hat. Die Unterkünfte waren im Vergleich zu Hotels natürlich viel einfacher – aber sie hatten einige unschlagbare Vorteile: Ich konnte mir Getränke und eine Grundausrüstung an Lebensmitteln in meinen Kühlschrank legen, konnte mir zum Frühstück und auch sonst eine Brotzeit nach meinem Geschmack richten und war nicht bei allem auf die Hotelinfrastruktur oder Restaurants angewiesen.

... und wie als Usbeke?

In Tashkent gibt es – so möchte ich es mal vereinfacht beschreiben – drei verschiedene Arten zu wohnen: In bestimmten Gegenden wohnen die, aus welchen Gründen auch immer, sehr reichen Usbeken in gut bewachten und vor neugierigen Blicken verborgenen Luxus-Villen, deren Ausstattung vermutlich keinerlei internationalen Vergleich zu scheuen braucht. Am Stadtrand liegen Siedlungen aus Einfamilienhäusern. Die Bauweise ist relativ einfach, aber ein kleiner Garten ermöglicht den Anbau von etwas Obst und Gemüse, und man kann sich dort ganz gut einrichten.

In der Innenstadt dominieren riesige Wohnblocks, die nach Einheitsplänen gebaut scheinen. Da die Straßen meist sehr breit angelegt sind, wirken allerdings auch Häuserfluchten von 12 Stockwerke hohen Häusern kaum drückend. Einzelne Hochhäuser sind in Wohnanlagen mit viel Grün angeordnet. So wirkt Tashkent auf mich recht großzügig und freundlich.

Betritt man ein normales Haus, wirkt das Treppenhaus und der Eingangsbereich düster und verkommen und strahlt den Charme eines Rohbaus aus. Rohbetontreppen, verputzte und mit Ölfarbe gestrichene Wände sowie nur teilweise vorhandene Fenster machen es einem schwer zu glauben, dass man da wirklich hin wollte. Am Geruch erkennt man, wenn das Haus über einen Müllschlucker verfügt. Den größten Mut benötigt man dann aber zur Nutzung des Aufzugs, bei dem man sich nur mit der Überlegung beruhigen kann, dass der Aufzug ja nicht ausgerechnet dann seinen Geist aufgeben würde, wenn man selbst damit unterwegs ist.

Dass die Voraussetzungen hier anders sind, als wir sie annehmen würden, wurde mir klar, als ich die Frage stellte, warum man denn in die Lampenfassung im Aufzug nicht wenigstens eine helle, saubere Glühbirne reinschraubt – momentan kämpfte dort nur eine mit roter Farbe beschmierte Glühlampe mit einer gefühlten Leistung von 15 Watt mit wenig Erfolg gegen die Dunkelheit. Die Erklärung, die mir mein Vermieter dazu gab, beschreibt die vorherrschende Einstellung zu Gemeinschaftseigentum treffend: Würde man eine gute Glühbirne einschrauben, wäre diese nach spätestens einem Tag weg, weil sie jemand in seiner Wohnung gebraucht hat. Also macht man sie bewusst für eine andere Verwendung unbrauchbar und hat so eine schlechte, aber immerhin vorhandene Lichtquelle.

Die Überraschung kommt dann, wenn man die üblicherweise mit mehreren Schlössern gesicherte Wohnung betritt. Je nach den finanziellen Möglichkeiten der Eigentümer – Wohnungen sind zum größten Teil Eigentumswohnungen – ist die Wohnung mehr oder weniger aufwändig eingerichtet und bildet so einen erstaunlichen Kontrast zum Treppenhaus. Dahinter steht wohl die Praxis, die Wohnung von außen so arm und unattraktiv wie möglich erscheinen zu lassen, um potenzielle Einbrecher nicht anzulocken. Das Umfeld wird nur nach Zweckmäßigkeit ausgerichtet und in dieser Form akzeptiert; das Bedürfnis, seine Wohnung so schön wie möglich zu gestalten, hört an der Wohnungstüre auf.

Auch ohne warmes Wasser kann man leben

Als besonders kurios habe ich die Praxis empfunden, dass im Frühjahr und im Herbst für jeweils ca. eine Woche die Versorgung mit warmem Wasser abgestellt wird. Die Versorgung mit Heizung und Warmwasser erfolgt allgemein über ein Fernwärmenetz. Die Heizung wird im Herbst ein- und im Frühjahr wieder ausgeschaltet – dazwischen reguliert man die Raumtemperatur überwiegend durch Öffnen und Schließen der Fenster. Im Rahmen der In- und Außerbetriebnahme der Heizung werden Wartungsarbeiten durchgeführt, die auch die Versorgung mit Warmwasser betreffen. Die Folge ist, dass zweimal im Jahr ohne Vorankündigung und Termin an einem Montag früh einfach kein warmes Wasser aus der Leitung kommt. Wenn man Glück hat, dann ist es am Freitag wieder da.

Es gibt mehrere Strategien, mit denen man sich hier behilft. Die einfachste ist, dass man sich in einem großen Topf – den es dafür extra im Haushalt gibt – ein paar Liter Wasser auf dem Gasherd warm macht und sich dieses mit einer Tasse über Kopf und Körper schüttet. Die kommunikativste Art zum Duschen ist, zu einem Bekannten in ein anderes Stadtviertel zu fahren, denn die Abschaltungen werden in den verschiedenen Stadtvierteln zu unterschiedlichen Zeiten durchgeführt. Die aufwändigste ist, sich für diese Zeit extra einen Elektroboiler anzuschaffen, auf den man ggf. umstellen kann.

Was mich aber am meisten überrascht hat ist die Selbstverständlichkeit, mit der man sich mit dieser Situation arrangiert. Wenn ich mir vorstelle, dass in Deutschland die Wasserversorgung für einen derartigen Zeitraum unterbrochen wird, dann würde sowohl eine rechtzeitige Ankündigung sowie auch die Bereitstellung einer entsprechenden Ersatzversorgung erwartet werden. In Deutschland würden einem sofort Begriffe wie „Mietminderung", „Hotelübernachtung auf Kosten des Versorgers" usw. in den Sinn kommen. Wobei sich derartige Problemstellungen bei uns sowieso nur auf Ausnahmefälle beschränken würden, eine flächendeckende und regelmäßige Abschaltung diesen Ausmaßes als „Normalfall" würde in Deutschland wohl sowieso keinem Versorgungsunternehmen in den Sinn kommen.

... bekommt man in Usbekistan auch etwas Vernünftiges zum Essen?

Irgendwie ist das die Befürchtung, die viele Leute mit einem Land wie Usbekistan verbinden. So waren meine Eltern und auch Bekannte und Freunde ernsthaft besorgt, vor allem bei den ersten Reisen. Interessant war aber auch, das Verhalten von Touristen zu beobachten, die eine Pauschalreise an die Seidenstraße gebucht hatten und die besonders in den Sommermonaten zu einem nicht unerheblichen Anteil zur Auslastung der Flugzeuge beitrugen. Hier war bei einigen eine Art „Hamsterverhalten" festzustellen und auch ich wurde einige Male von anderen gefragt, ob sie die Bestandteile meiner Bordverpflegung, die ich nicht selbst gegessen hatte, mitnehmen dürften.

Aus meiner Sicht waren diese Befürchtungen völlig unbegründet. Ich habe in den meisten Fällen gut bis sehr gut gegessen. Gerade in Tashkent gibt es neben guten einheimischen Restaurants auch die ganze Bandbreite internationaler Küche – von georgisch über russisch, japanisch, koreanisch und chinesisch bis hin zu der mitteleuropäischen Küche mit Wiener Schnitzel & Co. Ich habe auch in den vielen Jahren niemals Probleme mit der Verträglichkeit oder unangenehme Folgeerscheinungen gehabt.

Die einheimische Küche und vor allem auch die Art zu essen hat mir sehr gut gefallen. Anders als bei uns üblich wird sehr viel Wert auf die unterschiedlichsten Vorspeisen und Salate gelegt. Wegen der großen Vielfalt und auch der langsamen und gemütlichen Art zu essen muss man aufpassen, dass man nicht von den Vorspeisen schon satt ist. Typische Hauptgerichte sind der usbekische Plow, ein gebratenes Reisgericht mit Fleisch und einigen anderen Zutaten – am ehesten der spanischen Paella entsprechend, und die verschiedenen Arten von Shashlik. Das Shashlik ist dabei nicht mit den Fleisch-/ Zwiebelspießen aus unserer Imbiss-Bude zu vergleichen. Shashlik ist in Zentralasien der Begriff für auf einem großen Metallspieß über Holzkohle gegrillte Fleisch- oder auch Fischstücke. Es wird mit eingelegten Zwiebelringen, Brot und verschiedenen Saucen serviert und schmeckt köstlich. Von den nicht-usbekischen Restaurants ist mein Favorit die georgische Küche, und ich empfehle jedem, der irgendwo die Möglichkeit dazu hat, die georgischen Gerichte, wie z.B. Satzivi (Hähnchenfleisch in einer Nusssauce) zu probieren.

Es ist allerdings auch erwähnenswert, dass Usbekistan eines der wenigen Länder ist, in denen es keine internationale Systemgastronomie wie McDonalds, Burger King usw. gibt. Einige selbstständige Fast-Food-Restaurants bieten zwar auch Hamburger&Co, aber auch andere Tellergerichte an und sind daher eher mit Selbstbedienungsrestaurants bei uns zu vergleichen. Für den „kleinen Hunger zwischendurch" ist das aber sicher auch eine schnelle und preisgünstige Alternative zu Restaurants.

Auf jeden Fall bestand für mich nie die Gefahr zu verhungern und niemand, der eine Reise nach Usbekistan unternimmt, muss sich beim Hinflug wirklich ein Lunchpaket mit abgepacktem Streichkäse und Konservenbrot aus dem Bordmenue einpacken.

... und wie sieht's mit Getränken aus?

Es gab ursprünglich das komplette Sortiment von Coca-Cola. Als das Unternehmen aus irgendwelchen Gründen in Ungnade gefallen ist, wurde landesweit auf Pepsi umgestellt. Es gab hierzu das Gerücht, dass sich der Chef von Coca-Cola Usbekistan von der Tochter des Präsidenten getrennt habe. Ob das richtig ist weiß ich nicht, denkbar sind derartige Abhängigkeiten allerdings schon.

Russisches und internationales Bier ist ein Standardgetränk – ebenso wie es natürlich auch die vielen unterschiedlichen Varianten von Wodka sind. Beim Wodka gibt es eine erhebliche Bandbreite an Qualität und Geschmack, die man bei uns so nicht erwartet. Auch die Flaschen sind vielfach aufwändig und sehr kunstvoll gestaltet. Sehr einfallsreich fand ich z.B. eine Flasche, auf der nach Art eines Adventskalenders von oben nach unten eine Skala mit fortschreitender Uhrzeit dargestellt und dabei jeweils beschrieben ist, wie man sich bei dem entsprechenden Rest-Füllstand fühlt und über welche Themen gesprochen wird.

Es wird in Gesellschaft gerne und viel Wodka getrunken; ein entscheidender Unterschied gegenüber unseren Gewohnheiten in Deutschland ist aber, dass man zu Wodka normalerweise keine anderen Alkoholika zu sich nimmt. Wenn jemand an einem Abend Wodka trinkt, dann entweder mit Säften, Wasser oder Cola, aber nie mit Bier, Wein,

Whisky u.ä. Dadurch wird ein guter Wodka erstaunlich gut verträglich – auch wenn in einer Gesellschaft im Laufe eines Abends und zahlreicher Trinksprüche eine größere Menge getrunken wird.

Für den Bierliebhaber gibt es eine Art Bierzelt einer Brauerei, die in Lizenz tschechisches Bier braut, in der man verschiedene Sorten sogar aus Maßkrügen genießen kann. Ein beliebter Treffpunkt für Ausländer, aber auch für die einheimische Jugend.

Mir ist übrigens – entgegen der bei uns oft herrschenden Meinung – nie aufgefallen, dass betrunken gefahren wird. Vermutlich aufgrund der sehr harten Strafen und vielleicht auch etwas wegen der willkürlichen Beurteilung bei Kontrollen wird meinem Eindruck nach mehr als in Deutschland sehr klar entschieden, ob Alkohol getrunken oder Auto gefahren wird.

Zwei landetypische Getränke, die mir völlig unbekannt waren, möchte ich der Vollständigkeit halber noch erwähnen, obwohl ich selbst kein Freund davon bin. Zum einen „Kwas", eine Art Malzbier, das aus Wasser, Roggen und Malz vergoren wird. Es enthält relativ wenig Alkohol und ist sehr erfrischend. Zum anderen ein überwiegend aus Waldbeeren hergestellter Saft, der unter der Bezeichnung „Mors" sehr verbreitet ist und als Alternative zu den üblichen Softdrinks auch gerne in Restaurants angeboten wird.

Kehrseite der Gedankenlosigkeit

Ein unvergessliches Erlebnis war für mich der Besuch in einem Getränkemarkt. Ich habe niemals in meinem Leben so viele Plastik-Einwegflaschen gesehen wie dort. Das gesamte Softdrink-Segment wird durch Einweg-Plastikflaschen bzw. zum Teil auch Getränkedosen abgedeckt. Der Müll, der dadurch entsteht, muss gigantisch sein. Und auch die Hemmung, mal eine leere Flasche während der Autofahrt aus dem Fenster zu werfen, hält sich nach meiner Beobachtung sehr in Grenzen.

Auch Glasflaschen wandern in den normalen Müll. Ich weiß nicht, ob es ein Pfandsystem für Glasflaschen gibt. Wenn dem so ist, dann eher nach den russischen Spielregeln, nach denen niemand, der es nicht absolut nötig hat, Flaschen sammelt und zurückgibt. Man kann auch ein gewisses soziales Engagement darin erkennen, dass die Flaschen den ganz Armen überlassen werden, die auf die wenigen Sum Pfand angewiesen sind um zu überleben. Aber letztlich habe ich jegliche Sensibilität für die Themen Umweltschutz, Recycling und Mülltrennung im Lande vermisst. Man ist hierzu offensichtlich nicht erzogen worden; es gibt bei der dünnen Besiedelung mehr als ausreichend Platz für Deponien, und die anderen schleichenden Gefahren eines derartigen Verhaltens für die Umwelt, wie Vergiftung, Luft- und Wasserverschmutzung, kann man schließlich nicht sehen.

Wenn man diese Themen als Deutscher anspricht wird man nur verständnislos angesehen und muss erkennen, dass der deutsche Blickwinkel in anderen Ländern einfach nicht relevant ist.

Der usbekische Sum

Die Währung Usbekistans ist der Sum. Als ich die ersten Male in Usbekistan war, bekam man offiziell für einen US-Dollar ca. 100 Sum, wenn man auf dem Markt tauscht dagegen ca. 500 Sum. Die größte Banknote war dabei der 100 Sum-Schein. Als Grund dafür nannte man mir, dass das beste Mittel gegen die Herstellung von Falschgeld ist, wenn der Nennwert einer Banknote geringer ist als deren Herstellkosten. Das ist zwar logisch und nachvollziehbar, führt aber dazu, dass die Usbeken einen Großteil der Zeit mit dem Zählen von Geld beschäftigt sind. Bargeldlose Zahlungen oder die Verwendung von Kreditkarten waren für Privatpersonen praktisch unmöglich, so dass alle finanziellen Transaktionen bar in Sum vorgenommen werden mussten - mit einer Stückelung von umgerechnet 20 ct.

Ein Abendessen für 10 Personen kostete in einem guten Restaurant nach inoffiziellem Kurs z.B. 300 Dollar, entsprechend 150.000 Sum. Vorausgesetzt, man hat wirklich nur 100 Sum-Scheine, braucht man zur Bezahlung immerhin 1.500 Banknoten! Sicher hat der Usbeke daher flächendeckend Zählmaschinen und außerdem – so kam es mir vor

– Hände, die sich im Laufe der Zeit an diese Aufgabe angepasst haben und sich so in beeindruckender Geschwindigkeit durch die Bündel von Geld wühlen können, aber 1.500 Banknoten sind schon eine Menge Papier. Konsequenz daraus war – einen normalen Geldbeutel kann man hier nicht nutzen – dass wir für den Geldtransport einen Nylon-Rucksack hatten, der mit der entsprechenden Anzahl an Geldbündeln gefüllt war. Nur schwer ließ sich für uns das Gefühl eines „Bankräubers auf der Flucht" unterdrücken.

Noch aufwändiger war es größere Zahlungen durchzuführen. So musste man eine Zeit lang auch Flugtickets bar in Landeswährung bezahlen. Die Beschaffung von z.B. zwei Tickets von Tashkent nach Frankfurt und zurück zum Preis von 800.000 Sum – entsprechend mindestens 8.000 Banknoten – war schon eine zeitaufwändige Aktion. Hier war man schon eher mit Kartons voll Geld unterwegs, das man bei der Zahlung vorzählen musste, welches dann von dem Kassier nachgezählt und nochmals von einer Kassenaufsicht kontrolliert wurde.

In den Jahren in denen ich in Usbekistan war hat sich der Umgang mit Geld und der Zahlungsverkehr langsam etwas normalisiert. Es wurden Banknoten mit höherem Nennwert eingeführt, außerdem wurde der offizielle Kurs realistischer ermittelt, so dass ein inoffizieller Umtausch keinen Sinn mehr ergab. Die Zahlung mit Kreditkarten wurde immer mehr zugelassen – inzwischen gibt es sogar

Geldautomaten, an denen man mit der deutschen Scheckkarte wahlweise Sum, Dollar oder auch Euro abheben kann. Die freie Art, wie wir hier in Deutschland mit Geld umgehen, Zahlungen auf den unterschiedlichsten Wegen durchführen und uns keine Gedanken machen müssen, wo wir wie bezahlen können und wieviel Bargeld in welcher Währung wir bereithalten müssen, kann man erst wirklich schätzen, wenn man es mit der Situation in Ländern wie z.B. Usbekistan vergleicht.

Sicher ist es für die Usbeken - genauso wie für uns auch – richtig, dass man das Geld, welches man ausgeben möchte, auch erst einmal haben muss. Für mich ist es seit meinem ersten Kontakt mit diesem Land sowieso schwer nachvollziehbar, wie die Volkswirtschaft überhaupt funktionieren kann. Offizielle Löhne und reale Preise stehen in einem so großen Missverhältnis, dass man das Leben meinem Eindruck nach ohne eine gut funktionierende Schattenwirtschaft aus Tauschgeschäften, Schwarzarbeit und anderen kreativen Mechanismen überhaupt nicht auf die Reihe bekommt. So ist die Reglementierung des Zahlungsverkehrs natürlich auch als Versuch zu sehen, es dieser Schattenwirtschaft so schwierig wie möglich zu machen. Die Auswirkungen, die sich daraus für den Umgang mit Geld im Alltag ergeben, sind für uns im Zeitalter von online-Banking, Kreditkarten, Geldkarte, PayPal & Co. schlicht unvorstellbar. Wir sollten uns dessen bewusst sein.

Demokratie auf Usbekisch

Usbekistan ist an sich eine Demokratie. Die letzte Präsidentschaftswahl, bei der mit über 90% - bei einer Wahlbeteiligung von 91% - der seit Gründung der Republik 1989 herrschende Präsident Karimov wiedergewählt wurde, lässt jemanden, der das westliche Demokratieverständnis als Maßstab nimmt, doch etwas zweifeln.

Wie gut die usbekische Bevölkerung mit einer Demokratie westlicher Prägung umgehen könnte ist für mich auch etwas fraglich, wenn ich mich an zwei Geschichten aus dem Umfeld von Wahlen erinnere.

Als ich mit Kollegen zum Abendessen gehen wollte hat uns eine Mitarbeiterin darauf hingewiesen, dass die einzige Möglichkeit an diesem Tag der Besuch eines Restaurants in einem der großen Hotels sei. Alle anderen Restaurants, Bars usw. hätten geschlossen, da am folgenden Tag eine Wahl stattfinden würde. Ob man damit verhindern möchte, dass jemand nach einer durchzechten Nacht die Wahl verschläft, oder ob man sicherstellen möchte, dass jeder ausgeschlafen und mit klarem Kopf seine Stimme abgibt, weiß ich nicht – aber für mich war diese Regelung bemerkenswert.

Noch befremdlicher war jedoch die Geschichte, die mir eine Kollegin am Tag nach einer Kommunalwahl erzählte. Sie war in das für sie zuständige Wahllokal gegangen um ihre Stimme abzugeben.

Dort hatte man ihr 10 Stimmzettel ausgehändigt und sie gebeten, diese alle auszufüllen. Man hätte bisher nur eine relativ geringe Wahlbeteiligung, und dies würde ein schlechtes Licht auf den Wahlbezirk werfen – also müsse man etwas nachhelfen.

Irgendjemand hatte den Ausspruch geprägt, dass die Demokratie von allen schlechten Staatsformen immer noch die beste sei. Nun ist in Deutschland der verantwortungsvolle Umgang damit in mancher Hinsicht schon schwer – man werfe nur einen Blick auf die sinkenden Wahlbeteiligungen – aber wie weit ein Volk, das (noch) nicht langsam gelernt hat, mit einer Demokratie verantwortungsbewusst umzugehen, von außen an unseren Kriterien gemessen werden darf, ist für mich eine große Frage. Aber ich bin ja zum Glück kein Politiker.

Früher war alles besser?

Inwieweit die normale Bevölkerung die Veränderungen seit dem Zerfall der Sowjetunion überhaupt positiv empfindet, kann ich allgemeingültig nur schwer beurteilen. Ich habe aber durchaus nachvollziehbare Argumente gehört, die zumindest eine gewisse Skepsis angebracht erscheinen lassen.

So wird gesagt, dass man früher praktisch nur innerhalb der Sowjetunion und befreundeten Ländern problemlos reisen durfte. Das habe man dann als Privatreise, Schulausflug, Jugendlager oder Betriebsausflug auch wirklich getan. Heute kann man im Prinzip überall hin reisen – sofern man vom Zielland ggf. ein Visum bekommt – man kann sich aber u.U. nicht einmal mehr die – jetzt – Auslandsreise nach Moskau leisten.

Ähnlich verhält es sich mit Konsumgütern. Zu Sowjetzeiten war das Warenangebot begrenzt und man musste sich danach richten, was gerade angeboten wurde, konnte zumindest die Grundnahrungsmittel und die Dinge und Dienstleistungen des täglichen Bedarfs aber zu angemessenen Preisen bekommen. Heute gibt es ein Warenangebot, das wesentlich umfangreicher ist, allerdings hat man bei den aktuellen Löhnen keine reale Möglichkeit, sich das alles auch zu kaufen.

Ich kann mir sehr gut vorstellen, dass es leichter ist, gewisse Einschränkungen zu akzeptieren, „weil es halt so ist", als täglich vor Augen geführt zu bekommen, dass man sich persönlich etwas, was man eigentlich gerne tun oder kaufen würde, im Gegensatz zu Nachbarn, Freunden oder Kollegen einfach nicht leisten kann.

Charvak – die Entwicklung des Tourismus

Charvak ist ein Stausee, der ca. 100 km östlich von Tashkent in einer beeindruckenden Gebirgslandschaft im Grenzgebiet zu Kirgistan gelegen ist.

Das dort aufgestaute Wasser wird zum einen für die Stromerzeugung, zum anderen aber auch für die Bewässerung der landwirtschaftlichen Nutzflächen verwendet. Bei der außergewöhnlich schönen Landschaft ist es auch verständlich, dass am Nordufer eine Datscha des usbekischen Präsidenten liegt. An diesem See kann man sehr anschaulich die Entwicklung der touristischen Infrastruktur verfolgen.

Kurz vor meinem ersten Besuch im Jahre 1999 gab es einige Zwischenfälle an der nahen Grenze zu Kirgistan. Mein erster Eindruck war, dass der See in einem militärischen Sperrgebiet liege, in das wir überhaupt nur aufgrund unserer Nationalität fahren durften. Möglicherweise haben die Soldaten am Kontrollposten auch an den Nummernschildern unserer Fahrzeuge erkannt, dass wir keinerlei Rolle in einem usbekisch-kirgisischen Grenzkonflikt spielen würden. Aber dementsprechend menschenleer war es am Strand des Sees. Vorher kannte ich nur die umtriebige und im Flachland gelegene Stadt Tashkent und war überwältigt von der unberührten Natur und der Einsamkeit, die uns am See erwarteten. Die Kollegen und ich verbrachten dort einen traumhaften Tag mit auf unserem mitgebrachten Grill zubereiteten Shashliks, einem Kasten Bier, einigen Runden schwimmend im angenehm kühlen Wasser und sonst erholsamem Faulenzen.

Zwei Jahre später – aufgrund der laufenden Projekte waren wir diesmal eine größere Gruppe – haben wir ein ganzes Wochenende dort verbracht. Da gab es allerdings schon einen kleinen und sehr einfachen Campingplatz, auf dem wir unser Lager aufschlugen. Wir mieteten uns einige typisch usbekische Pavillons, einfache Eisengestelle, die knapp über dem Boden eine 3x3m große hölzerne Sitz- oder Liegefläche haben und darüber ein Sonnendach. Darin konnte man mit einigen untergelegten Decken relativ gut schlafen – wenn ich nachdenke, war das die einzige Nacht, die ich direkt unter dem Sternenhimmel verbracht habe.

Wieder ein paar Jahre später hatte ein türkischer Investor eine große Hotelanlage an unserem idyllischen Strand eröffnet. Mehrere Gebäude, terrassenförmig angeordnete Pools, Restaurants, Bars und alles, was überall auf der Welt zu einer solchen Anlage gehört, waren entstanden. Die Auslastung war, zumindest am Wochenende, sehr gut. Wir haben in klimatisierten Zimmern gewohnt und unser Shashlik im Hotelrestaurant gegessen. Völlig unerwartet - und einige Jahre vorher unvorstellbar - haben wir dabei am Nebentisch eine deutschsprachige Unterhaltung wahrgenommen. Wie sich herausstellte, haben selbst deutsche Reisegruppen dieses Ziel inzwischen in ihr Programm aufgenommen - zunächst wahrscheinlich als Geheimtipp, um etwas Abwechslung in die sonst übliche Standard-Tour

„Usbekistan in 10 Tagen" mit Besuchen der Seidenstraßen-Highlights Samarkand, Buchara und Chiwa zu bringen.

Es sei jedem gegönnt, diese wirklich sehenswerte Landschaft zu besuchen, und eine Zunahme des Tourismus und der damit erzielten Einnahmen ist sicher auch gut für die Wirtschaft des Landes, aber ich denke es ist nicht schwer nachzuvollziehen, dass mir persönlich der ursprüngliche Zustand deutlich besser gefallen hat.

Skifahren?!

Usbekistan ist sicher keine typische Wintersportnation, obwohl zumindest in einigen Landesteilen im Winter sehr wohl Schnee liegt und es auch empfindlich kalt sein kann. Wenn man von Tashkent aus einige Kilometer nach Osten fährt, findet man dort das vielleicht einzige Skigebiet in einem Gebiet namens Chimgan.

Obwohl ich kein fanatischer Skiläufer bin war ich doch neugierig und habe mich an einem Wochenende dorthin getraut um sagen zu können, ich sei in Usbekistan schon Ski gefahren. Es gab dort eine Art Skiverleih, bei dem ich mir zuerst einmal eine Ausrüstung besorgen wollte. Was ich bekommen habe werde ich nie vergessen. Die Ski hatten eine Bindung, die ich bisher nur aus dem Museum kannte, mit einem um die Fersen gelegten Metallspiraldraht, der mit einem Hebel vorne am Ski gespannt werden konnte. Die Stahlkanten waren nicht irgendwie geschliffen; der Ski ist einfach nur gerutscht, so dass alle mühsam gelernten Grundfertigkeiten wie Pflug, Grundschwung und seitliches Abrutschen nicht funktionierten. Und auch die Tatsache, dass die Schuhe mit mehreren Socken passend gemacht wurden und von den vier vorgesehenen Schnallen nur zwei verwendbar waren, hat nicht gerade dazu beigetragen, dass ich mich besonders sicher gefühlt habe. Ich habe mich daher ausschließlich auf den absoluten Idiotenhügel beschränkt und war froh, dass ich dieses Experiment nach relativ kurzer Zeit ohne Verletzungen, Knochenbrüchen und dergleichen abschließen konnte. Auf jeden Fall kann ich sagen, dass ich in Usbekistan Ski gefahren bin – ich denke, nicht viele Deutsche können das von sich behaupten.

Das eigentliche Skigebiet, das zwanzig Sesselliftminuten höher liegt, habe ich mir dann doch lieber ohne Ski angesehen. Da man hier praktisch am Rand des Gebirges ist hat man von hier einen herrlichen Ausblick in die Ebene in Richtung Tashkent. Es ist kein Vergleich mit den hochgerüsteten Skigebieten in den Alpen sondern ein überschaubarer Bereich mit einem Skilift und einigen Abfahrten. Statt eines modernen Selbstbedienungsrestaurants ist nur ein kleines Verpflegungszelt aufgebaut, in dem man die Auswahl hat, ob man in seine Tasse mit heißem Wasser entweder einen Teebeutel hängen oder einen Portionsbeutel Neskaffee einrühren möchte. Aber gerade dieser Kontrast zu dem, was man aus den Skigebieten in den Alpen kennt, hinterließ bei mir einen bleibenden Eindruck, wie Skifahren auch sein kann.

Ruf doch mal an

Ende der 90er Jahre war das Mobilfunknetz in Deutschland bereits sehr gut ausgebaut, und auch Roaming war mit deutschen SIM-Karten in vielen Ländern der Welt problemlos möglich – nicht so in Usbekistan. So konnte man während meiner ersten Aufenthalte nur sehr schwierig und entsprechend teuer mit Deutschland über lokale Telefone kommunizieren und auch Telefaxe austauschen. Zumindest funktionierte dieses in Tashkent – Kommunikation mit den Baustellen in Samarkand, Buchara und Urgench war Glückssache. Eine Datenverbindung, wie man sie heute in den letzten Winkel der Welt problemlos herstellen kann, bzw. ein Zugriff auf E-Mails und Internet, war schlicht unmöglich. Trotzdem war es möglich, Projekte vernünftig zu realisieren – auch wenn es in der heutigen Informationsgesellschaft, die sich bedingungslos von permanenter Erreichbarkeit und hochverfügbarer Kommunikationstechnik abhängig macht, absolut undenkbar erscheint.

Der erste Schritt zur Einbindung des Landes in die globale Informationslandschaft war die Einführung von GSM-Netzen und die Verfügbarkeit entsprechender SIM-Karten. So war dann auch der Abschluss von Roaming-Abkommen mit ausländischen Netzbetreibern möglich und man war irgendwann auch über sein deutsches Mobiltelefon erreichbar. Allerdings haben einem die astronomischen Gebühren, die nach meiner Erinnerung für abgehende Gespräche über 15 € je angefangene Minute und für ankommende Gespräche über 5 € je angefangene Minute lagen, den Spaß ziemlich getrübt. Um diese Gebühren zu umgehen war einige Kreativität gefordert. Der kostengünstigste Weg, den ich für mich gefunden habe, war die Nutzung einer lokalen SIM-Karte in Verbindung mit dem Call-back-Verfahren eines deutschen Anbieters. Dabei musste man mit dem lokalen Telefon eine deutsche Nummer anrufen und wieder auflegen. Der Anruf wurde anhand der übertragenen Rufnummer identifiziert und ein automatischer Rückruf eingeleitet. Diesen Rückruf hat man dann kostenlos entgegengenommen und wurde aufgefordert, die gewünschte Rufnummer einzugeben. Sobald sich der Empfänger gemeldet hatte, wurden die Verbindungen zusammengeschaltet. Kosten entstanden dann nur für die wesentlich günstigere Verbindung von Deutschland nach Usbekistan und die Verbindung innerhalb Deutschlands zum Provider. Zusammen lag man mit diesem System unter 1 € für abgehende Gespräche; für ankommende Gespräche entstanden keine Kosten.

Inzwischen gibt es viele Kooperationen mit russischen Telefongesellschaften mit den unterschiedlichsten Tarifmodellen – aber es ist immer noch empfehlenswert, genau hinzusehen, denn auch heute - nach flächendeckender Reduzierung der Telefongebühren - können durch geschickte Lösungen, gerade bei nicht alltäglichen Verbindungen, immer noch erheblich Kosten gespart werden.

Hochzeit auf Usbekisch

Während eines Aufenthalts in Usbekistan feierte einer unserer Mitarbeiter seine Hochzeit, und ich hatte Gelegenheit mitzuerleben, wie eine Hochzeit in Usbekistan abläuft.

Der Hochzeitstag begann früh um 5h mit einer Einladung ausschließlich für Männer zu einem Frühstück mit dem Bräutigam. Es wurden das usbekische Nationalgericht Plow und dazu Tee serviert, unterhalten wurde die Gesellschaft mit etwas landestypischer Musik.

Die eigentliche Hochzeitsfeier begann dann am späten Nachmittag desselben Tages. Die mehr als 300 Gäste waren in ein Restaurant mit terrassenförmig angeordneten Tischen im Freien am Ufer eines kleinen Kanals eingeladen. Interessant war, dass die Standesbeamtin auch die Trauung im Rahmen der Hochzeitsfeier im Restaurant vorgenommen hat.

Für mich unvergesslich war, wie unsere Dolmetscherin mir mitgeteilt hat, dass sie mich, praktisch als Arbeitgeber des Bräutigams, auf die Rednerliste hat setzen lassen. Es werde erwartet, dass auch ich einige Worte an das Brautpaar richte und im Namen der Firma gratuliere. Sie hat wohl meine Unsicherheit gespürt, unvorbereitet, mit Mikrofon vor einer so großen Gesellschaft und verfolgt von Kameras, mit denen die Hochzeitsfeier dokumentiert wurde, eine Rede zu halten. Sie hat mich dann allerdings etwas beruhigt indem sie ganz pragmatisch darauf hingewiesen hat, dass meine deutschsprachige Rede von den Anwesenden sowieso niemand verstehen würde. Es sei somit relativ egal, was ich sage, ich solle ihr nur entsprechende Pausen lassen, dann würde sie im Rahmen ihrer „Übersetzung" ins Russische schon die geeigneten Worte finden. Auf diese Weise hat es dann auch ganz gut funktioniert.

An diesem Beispiel wurde mir aber wieder einmal bewusst, welche Macht Dolmetscher haben, und ich war zum einen froh darüber, dass mich bei meinen Gesprächen und Verhandlungen überwiegend vertrauenswürdige und qualifizierte Dolmetscher unterstützt haben, zum anderen fand ich es aber auch beruhigend, dass meine zugegeben ziemlich geringen Russischkenntnisse immerhin dazu genügten um grob beurteilen zu können, ob ein

Dolmetscher auch das übersetzt, was der Gesprächspartner oder ich sagte.

Studienreisen auf der Seidenstraße

Wenn nicht aus geschäftlichen Gründen, dann lernt der interessierte Reisende das Land und dessen Sehenswürdigkeiten mit großer Wahrscheinlichkeit auf einer Studienreise kennen. Das Programm dieser Reise, die von den verschiedensten Veranstaltern aus den unterschiedlichen Ländern mehr oder weniger mit gleichem Ablauf angeboten wird, ist auch die beste Möglichkeit, ohne Kenntnis des Landes und der Sprache einen optimalen Eindruck der geschichtlich hochinteressanten Orte entlang der legendären Seidenstraße kennen zu lernen.

Der übliche Reiseverlauf beginnt dabei am Tag nach Ankunft in Tashkent mit einem Inlandsflug von Tashkent nach dem im Norden des Landes und knapp südlich des Aralsees gelegenen Urgench. Von dort führt die Reise zunächst in das naheliegende historische Chiwa – eine Stadt, die sich, sehr gut erhalten bzw. restauriert, mehr wie ein Freilichtmuseum präsentiert.

Daraufhin geht es mit dem Reisebus entlang der Seidenstraße viele hunderte Kilometer durch die eintönige, aber gerade deshalb auch beeindruckende Wüstenlandschaft zurück nach Tashkent.

Mit Aufenthalten und Besichtigungen der Seidenstraßen-Metropolen Buchara und Samarkand dauert die Reise eine Woche, so dass man mit einem abschließenden Tag zum Kennenlernen der Hauptstadt Tashkent die durchaus empfehlenswerte Reise nach 10 Tagen mit dem Rückflug von Tashkent nach Deutschland beendet.

Für Besucher, die diese Reise bereits kennen, werden zunehmend aber auch andere Routen und Regionen angeboten. So gibt es Rundfahrten, die in das südwestlich, an der kirgisischen Grenze liegende Ferganatal führen oder auf denen man überraschend auf entlegene Orte, wie den Stausee Chervag, trifft.

Ich habe natürlich an keiner derartigen Reise teilgenommen, hatte aber an einigen Wochenenden die Möglichkeit, die Städte Samarkand, Buchara und Chiwa individuell zu besuchen. Zudem habe ich mich oft auf dem Flug von Frankfurt nach Tashkent oder auch an mancher Hotelbar mit Reisenden unterhalten.

Auch habe ich den einen oder anderen Reiseleiter getroffen, der diese Touren führt. Interessant war für mich ein Gespräch mit dem Reiseleiter einer Gruppe, bei deren Teilnehmern mir der recht hohe Altersdurchschnitt aufgefallen ist. Auf die Frage, ob er denn keine Bedenken habe, mit älteren Leuten eine Reise zu unternehmen, auf der – vorsichtig ausgedrückt – die medizinische Versorgung in Notfällen wenn überhaupt, dann nur eingeschränkt gegeben ist, gab er mir eine verblüffende Antwort. Die älteren Leute seien üblicherweise sehr gut über ihren Gesundheitszustand informiert, hätten entsprechend evtl. erforderliche Medikamente dabei und würden sich sehr vernünftig verhalten, so dass er auf zahlreichen Reisen nie Probleme hatte. Im Gegenteil wären für ihn die jüngeren Teilnehmer eher problematisch, da diese sich mit Ihrer gesundheitlichen Situation viel weniger auseinandersetzen würden und so viel schlechter mit akuten gesundheitlichen Schwierigkeiten umgehen könnten. Ein Restrisiko bleibt meiner Meinung nach aber auf jeden Fall, denn gegen einen überraschenden Herzinfarkt oder Schlaganfall hilft selbst die beste Vorbereitung nichts – und wenn dann die nächste Möglichkeit zu einer medizinischen Versorgung zumindest nach landesüblichem Standard hunderte Kilometer bzw. mehrere Stunden entfernt ist, hat man vermutlich keine große Chance zu überleben.

Buchara besuchte ich mit einem Kollegen an einem Wochenende im März, also noch vor dem Start der Touristen-Saison um Ostern. Dementsprechend leer und beschaulich war es auch bei den Sehenswürdigkeiten und es war auch kein Problem, einen Stadtführer zu finden. Das Hotel vermittelte uns einen jungen Mann, der üblicherweise deutschsprachige Reisegruppen begleitete und sich gerne außerhalb der Saison noch ein paar Dollar dazuverdiente. Er sprach fließend Deutsch, allerdings mit einem starken schweizer Dialekt. Ich nahm daher an, dass er Deutsch in der Schweiz gelernt oder zumindest, dass er sich im Rahmen eines Aufenthaltes in der Schweiz den Dialekt angewöhnt habe. Auf meine Nachfrage hat er mir aber zu meiner Verwunderung erzählt, dass er in seinem Leben noch niemals außerhalb von Usbekistan war. Er habe in Usbekistan Deutsch studiert, sein Lehrer war aber ein gebürtiger Schweizer, und daher komme wohl auch sein Dialekt. Bisher war ich der Meinung, dass man einen Dialekt nicht im Rahmen eines Sprachunterrichts erlernen kann, sondern dass man dazu in der Gegend leben muss, damit der Dialekt im Laufe der Zeit abfärbt. Dieser junge Usbeke war aber ein Beispiel dafür, dass man wohl auch aus einem Lehrbuch für Deutsch einen Dialekt lernen kann, nur weil der Lehrer diesen benutzt.

Das Kamel von Chiwa

In einer ganzen Reihe von Veröffentlichungen, Prospekten, Reiseführern oder selbst Filmen über Chiwa sieht man ein Kamel und fühlt sich in die Zeit der Karawanen entlang der Seidenstraße versetzt, in der Chiwa eine große Rolle im internationalen Handel spielte. Erheiternd war aber in diesem Zusammenhang die Aussage eines Reiseführers, wonach es im heutigen Usbekistan eigentlich überhaupt keine Kamele gäbe und auf allen Bildern immer dasselbe Kamel gezeigt sei. Keine Antwort konnte ich allerdings auf die Frage bekommen, ob das Kamel im Dienst des Tourismus-Büros der Stadt steht, oder ob es sich um die Geschäftsidee eines Usbeken handelt, der sich ein paar Sum damit verdient, dass er das Kamel fotografieren oder Touristen eine kleine Runde darauf reiten lässt.

Einkaufen

In Tashkent findet man in allen Wohngebieten kleine Kioske, in denen man sich rund um die Uhr mit Getränken, Zigaretten und vielleicht auch etwas Obst eindecken kann. Auch den „Lebensmittelladen an der Ecke" gibt es. Bestimmte Artikel, wie z.B. Elektro-Großgeräte, Fernseher, Möbel und exklusive Bekleidung kauft man in Fachgeschäften, die meist an einer Stelle der Stadt liegen – mit dem Vorteil, dass man z.B. zum Kauf eines Fernsehers nur ein Ziel anfahren muss um dort alle Geschäfte, die Fernseher verkaufen, nebeneinander zu finden. Vereinzelt gibt es auch kleine Supermärkte und sogar im Zentrum von Tashkent ein Kaufhaus.

Für den normalen Einkauf von Artikeln des täglichen Bedarfs geht man jedoch üblicherweise zu relativ großen Märkten, die zentral in den verschiedenen Stadtvierteln liegen. Dort werden auf einer überdachten Freifläche die unterschiedlichsten Waren angeboten – ein beeindruckendes Sortiment an frischem Obst und Gemüse, orientalischen Gewürzen, Nüssen und vielen Produkten, die man im Freien lagern kann. Lebensmittel, die bestimmte Anforderungen an Hygiene oder Klimatisierung stellen wie z.B. Fleisch, Fisch oder Milchprodukte, werden am Rande der eigentlichen Markthalle in entsprechenden Ladengeschäften verkauft.

Ein besonderes Erlebnis ist allerdings der gigantische Markt im Süd-Westen der Stadt. Hier gibt es in mehreren Hallen praktisch alles, was man im Alltag so braucht. So kauft man dort auch Kleidung, Schuhe, Lederwaren, aber auch Elektrokleingeräte, Spielwaren u.v.m. Das Einkaufen von Kleidung, vor allem das Anprobieren, macht zwar einen sehr improvisierten Eindruck – der Verkäufer stülpt dem Kunden einen an einem Ring befestigten Vorhang über den Kopf und so kann man sich mitten im Gedränge in dieser „mobilen Umkleidekabine" umziehen – läuft aber alles mit einer unvorstellbaren Selbstverständlichkeit ab.

Interessant für mich war, an einigen Ständen auch Markenlabels „von der Rolle" zu sehen. So kann man sich offensichtlich z.B. nach Auswahl und Anprobe eines Anzugs noch aussuchen, ob man diesen – vermutlich gegen einen kleinen Aufpreis - als „Hugo Boss" oder einer anderen wohlklingenden Marke labeln lassen möchte.

Zusätzlich zu diesem Universal-Markt habe ich noch den zentralen Baumarkt besucht. Hier ist alles zu kaufen bzw. zu organisieren, was mit dem Thema Bauen und Renovieren zusammenhängt – bei Bedarf auch gleich die Fachleute, die entsprechende Arbeiten mehr oder weniger offiziell ausführen.

Auch wenn dies alles definitiv keine Ziele für Touristengruppen sind, ist ein Besuch trotzdem – oder vielleicht gerade deshalb – eine gute und interessante Möglichkeit, die Leute und deren Alltag kennenzulernen. Als Fremder, der weder die Gepflogenheiten, das Preisniveau und nicht einmal die Sprache kennt, sollte man allerdings das Einkaufen selbst lieber einem Einheimischen überlassen. Hier sind schließlich auch die Händler nicht auf den Besuch von Ausländern eingestellt, und die Situation ist somit nicht mit der auf irgendwelchen Märkten in Urlaubsgebieten vergleichbar.

Medizinische Versorgung

Während meiner Aufenthalte in Usbekistan hatte ich zweimal Gelegenheit, mit dem örtlichen Gesundheitswesen in Berührung zu kommen – einmal wegen eines geprellten Fingers und ein andermal mit einem starken Husten.

Prinzipiell habe ich die medizinische Versorgung so verstanden: Es gibt Krankenhäuser und

Arztpraxen, die der usbekische Bürger kostenlos in Anspruch nehmen kann. Ob und wie man behandelt wird hängt aber trotzdem davon ab, was man mit dem entsprechenden Arzt vereinbart und was man letztlich bereit ist dafür zu bezahlen. Ein Arzt verdient im Rahmen seiner eigentlichen Tätigkeit so wenig, dass er auf einen „Zuschuss" angewiesen ist. Wenn man Medikamente benötigt muss man sich diese bei einer Apotheke, die es gefühlt an jeder Straßenecke gibt, selbst kaufen. Eine Definition wie „verschreibungspflichtig" gibt es ebenso wenig wie ein Rezept, bei dessen Vorlage die Kosten von einer Krankenkasse o.ä. übernommen werden.

Darüber hinaus gibt es natürlich Privatärzte und -kliniken, die auch aufwändige diagnostische Verfahren, wie z.B. CT, anbieten und, nach unseren Maßstäben, zu durchaus günstigen Preisen abrechnen.

In meinem Fall waren Diagnose und Medikamentengabe soweit in Ordnung. Mein Finger wurde geröntgt um sicher zu sein, dass kein Bruch vorliegt. Gegen den Husten habe ich ein Medikament bekommen, das geholfen hat – wenn auch mein Internist nach meiner Rückkehr die Behandlung nicht für angemessen erachtete; er meinte, dass man in Deutschland mit diesem Medikament eher die Beschwerden bei AIDS im Endstadium behandeln würde als eine Bronchitis.

Für den durchschnittlichen Usbeken sind die Kosten, die im Zusammenhang mit einer Erkrankung anfallen, sehr hoch oder gar unerschwinglich. Wenn ich mir vorstelle, welche Kosten meine Krankenkasse inzwischen für meine Behandlung, die Versorgung mit Hilfsmitteln sowie für Medikamente übernommen hat, dann bin ich mehr als glücklich, dass ich mit meiner Erkrankung in das deutsche Gesundheitssystem eingebunden bin.

Im Schatten von Afghanistan

Usbekistan grenzt im Süden an Afghanistan und ist so für die ISAF-Mission von einer nicht unwesentlichen strategischen Bedeutung. An exponierter Stelle – nämlich genau an der nicht sehr langen gemeinsamen Grenze – liegt das Städtchen Termes. Der kleine Regionalflughafen von Termes wird zweimal am Tag von einem kleinen Flugzeug der Usbekistan-Airlines angeflogen, und so wird die Verbindung zur Hauptstadt Tashkent – sofern nicht einer der zahlreichen Sandstürme dies verhindert - aufrechterhalten. So war die Situation über viele Jahre und ich denke, nur sehr wenige Deutsche hätten mit dem Namen der Stadt etwas anfangen können.

Dieses änderte sich allerdings in dem Moment, als die deutsche Bundeswehr mit der usbekischen Regierung vereinbarte, den Flughafen als sicheren

Brückenkopf für die Verbindung zu den Stützpunkten in Afghanistan nutzen zu dürfen. Die Bundeswehr errichtete am Flughafen ein Camp für ein paar hundert Soldaten und versorgte von dort aus die militärischen Lager mit Personal und Ausrüstung. Alle Transporte aus Deutschland gingen direkt oder über den Flughafen Tashkent zunächst nach Termes, wurden dort umgeladen und mit Militär-Transportmaschinen weitergeflogen.

So dürften sich auch die vielen Politiker, die im Laufe der Zeit die deutschen Soldaten in Afghanistan besuchten, an Termes erinnern als den Ort, an dem die normale Reise endete und an dem man sich, mit schusssicheren Westen versorgt, in einen unbequemen Militärhubschrauber zwängen musste, um bis zur sicheren Rückkehr nach Termes für ein paar Stunden der Unsicherheit eines Kriegsgebietes ausgeliefert zu sein.

Mich führte mein Weg nur einmal nach Termes und von dort auch nicht weiter nach Afghanistan. Es war aber doch interessant zu sehen, wie die Bundeswehr hier ein „Klein-Deutschland" aufgebaut hat. Den Widerspruch, einerseits an einem Ort zu sein, der ruhig und beschaulich irgendwie „am Ende der Welt" liegt, sich andererseits aber doch quasi an einem Schauplatz der Weltpolitik und einem internationalen Krisenherd aufzuhalten, habe ich hier, keine zwei Kilometer vor Afghanistan, mehr als deutlich gespürt.

Amerikanische Freunde

Anders als die Zusammenarbeit mit den Deutschen verlief die Präsenz der Amerikaner. Auch die US-Army vereinbarte mit der usbekischen Regierung die Nutzung der rund 250km von Termes entfernt gelegenen „Karshi-Khanabad Air-Base" für deren Militäreinsatz in Afghanistan. Im Gegensatz zur Bundeswehr übernahmen die Amerikaner aber den kompletten Flughafen unter ihre Hoheit und rüsteten die vorhandene Ausrüstung mit erheblichem Aufwand nach ihren Bedürfnissen um. So installierten sie z.B. eine Elektroausrüstung nach amerikanischem Standard, d.h. mit einer Nennspannung von 110V/60Hz statt der im Lande üblichen 220V/50Hz.

Diese Nutzung wurde allerdings jäh beendet, nachdem die usbekische Regierung Amerika im Jahr 2005 ultimativ aufforderte, die Air-Base innerhalb von 180 Tagen zu räumen und an das usbekische Militär zurückzugeben. Eine offizielle Begründung wurde für diese Entscheidung nicht genannt, wobei man aber davon ausgehen kann, dass der Bruch mit der amerikanischen Regierung eine Reaktion auf die von amerikanischer Seite geäußerte Kritik an der blutigen Niederschlagung des Aufstandes in der usbekischen Stadt Andischan gewesen sein dürfte.

Eine große Freude hatte zumindest das usbekische Militär allerdings nicht an den Hinterlassenschaften der Amerikaner. Die von den Amerikanern fest installierten Anlagen gingen wohl wie vereinbart an die Usbeken über – da sie aber nicht mit den örtlichen Standards vereinbar waren mussten sie mit entsprechendem Aufwand umgerüstet oder ausgetauscht werden.

Die Konsequenz der Abkehr von der Freundschaft mit den Amerikanern wurde allerdings auch an vielen anderen Maßnahmen deutlich. Neben dem Haus, in dem ich oft während meiner Aufenthalte wohnte, gab es viele Jahre in einem kleinen Gebäude ein Brillengeschäft mit dem Namen „American Optik". Von einem auf das andere Mal war dann nicht nur das Geschäft, sondern das ganze Gebäude verschwunden und durch eine Anpflanzung mit Rasen und Blumen ersetzt. Auch hier dürfte kaum das Zerwürfnis mit den Amerikanern als Grund genannt worden sein, sondern vermutlich irgendeine Begründung aus der Stadtplanung oder dem Baurecht – der zeitliche Zusammenhang derartiger antiamerikanischer Maßnahmen gibt allerdings schon zu denken.

Nach dem 11. September

Durch die Vorfälle am 11. September 2001 änderte sich die allgemeine Situation in der ganzen Welt und natürlich auch in Usbekistan. Vor allem für die Länder, bei denen aus westlicher Sicht ein erhöhtes Gefährdungspotential bestehe, wurden Reisewarnungen ausgesprochen; so wurde auch der Aufenthalt in Usbekistan plötzlich als gefährlich betrachtet.

Ich war kurz nach dem 11. September trotzdem in Tashkent und erinnere mich noch sehr gut an ein Gespräch mit dem Leiter unseres Büros in Tashkent über diese Sicherheitsthemen. Seine Meinung zu dem weltweiten Chaos in der ersten Zeit nach den Anschlägen kann ich gut nachvollziehen. Er konnte die Bedenken an einem Aufenthalt in Usbekistan nicht teilen. Für ihn gab es sehr viele potentielle Anschlagsziele hauptsächlich in der westlichen Welt – Usbekistan sei jedoch als Anschlagsziel für den internationalen Terrorismus absolut uninteressant. Für ihn sei das gefährlichste an einer Reise nach Tashkent die Zeit am Frankfurter Flughafen.

Bei allen Aufenthalten in Usbekistan – auch nach dem 11. September – habe ich mich eigentlich immer sicher gefühlt. Es gibt natürlich auch in Usbekistan ein gewisses Risikopotential. Meine persönlich gefährlichste Situation dürfte gewesen sein, als an einer Kreuzung ein paar cm vor meinem Taxi ein anderer PKW, dessen Fahrer wohl das Rotlicht ignoriert hatte, mit hoher Geschwindigkeit unsere Fahrspur querte. Es gab auch einige Bombenanschläge und Attentate aufgrund nationaler Konflikte zwischen Extremisten und der Regierung – auch hier kann man zufällig zur falschen Zeit am falschen Ort sein. Aber als Bühne für den internationalen Terrorismus ist auch meiner Einschätzung nach Tashkent doch zu wenig „publikumswirksam".

„Clean Road" auf Usbekisch

Wer bei diesem Begriff an die Arbeitsweise der Straßenreinigung von Tashkent denkt, der liegt an dieser Stelle nicht richtig. Den Begriff „Clean Road" habe ich in einem ganz anderen Zusammenhang kennen gelernt. Er beschreibt die Praxis, dass bei Fahrten des Präsidenten, hoher Politiker und Gästen der Regierung die entsprechende Route für den gesamten Straßenverkehr gesperrt wird und der Fahrzeugkonvoi somit uneingeschränkt freie Fahrt hat.

Bei Staatsbesuchen oder zu besonderen Gelegenheiten macht man dies vermutlich in allen Ländern der Welt – das Schauspiel, das man jedoch in Tashkent mindestens zweimal am Tag inszeniert, nämlich wenn der Präsident morgens nach dem Frühstück von zu Hause ins Büro und nach Feierabend wieder zurück fährt, ist schon bemerkenswert.

Die Aktion beginnt damit, dass etwa eine halbe Stunde vorher entlang der gesamten Strecke zwischen dem Haus des Präsidenten und dem Regierungsgebäude sehr zahlreich Polizeibeamte Stellung an beiden Straßenrändern und Kreuzungen beziehen. Die Straßen werden an allen Kreuzungen und Einmündungen abgeriegelt und Fahrzeuge, die sich auf der Strecke befinden, auf andere Straßen ausgeleitet. Alle Türen und Tore an Grundstückszufahrten werden geschlossen und auch alle Fußgänger nachdrücklich aufgefordert, sich in Seitenstraßen zurückzuziehen. Wenn der Präsident später die Route fährt muss er eigentlich den Eindruck bekommen, dass es in der ganzen Stadt nur Polizisten und Polizeifahrzeuge gibt, denn andere Personen und Fahrzeuge sind vollständig aus dem Sichtfeld entfernt.

Der große Moment beginnt dann damit, dass ein Polizeifahrzeug mit hoher Geschwindigkeit die Strecke abfährt. Kurz darauf folgt die Kolonne, bestehend aus mehreren identischen Limousinen – in einer davon sitzt wohl der Präsident – und unterschiedlichen Begleitfahrzeugen. Bei einigen ragen aus halbgeöffneten Seitenscheiben die Mündungen von Gewehren und regen die Phantasie an, was wohl geschehen mag, wenn irgendetwas den Verdacht der Fahrzeuginsassen erregt.

Diese Show konnte ich immer wieder beobachten, da ich öfter in einer Wohnung wohnte, deren Fenster auf eine der betroffenen Kreuzungen hinausgingen. Vom 8. Stock hatte ich einerseits einen guten Überblick, andererseits änderte sich der

Blickwinkel auf die Fahrzeuge so, dass ich von dieser Position aus ziemlich gut von oben in die Mündungen der Gewehre sehen konnte. Wenn auch dies die Situation für mich schon etwas bedrohlicher gemacht hat, konnte ich mir nicht ganz verkneifen mir vorzustellen was wohl geschehen würde, wenn ich mit einem Laserpointer in Richtung des Fahrzeugs leuchten würde. Sofern einer der Leibwächter diesen Lichtpunkt sehen und für die Zieleinrichtung eines Präzisionsgewehrs halten würde, hätte ich wohl sehr schnell ein sehr großes Problem gehabt.

Wie teurer kann deutsches Freibier sein?

Eine nette Geschichte begann damit, dass einer unserer deutschen Partner für das Team der Baustelle eine Palette deutsches Bier spendieren wollte. Er hat daher veranlasst, dieses bei einer anstehenden, größeren Lieferung dem Material beizupacken. Auf diese Weise hatten auch schon zwei Biergarnituren und andere Baustellenausrüstung problemlos den Weg nach Usbekistan gefunden.

Bei diesem Transport gab es jedoch eine unerwartete Schwierigkeit in der Form, dass der LKW irgendwo in der weiten Steppe Kasachstans seinen Geist aushauchte. Da an einen weiteren Transport nicht mehr zu denken war, wurde von der Spedition ein Ersatzfahrzeug organisiert, auf das der Inhalt des Trucks umgeladen und nach Tashkent weitertransportiert werden sollte. Da das defekte Fahrzeug allerdings vom deutschen Zoll für den direkten Transport nach Usbekistan abgefertigt und danach versiegelt worden war, konnte die Umladung nicht einfach von der Spedition organisiert werden – vielmehr musste der kasachische Zoll hinzugezogen werden um die Zollsiegel zu öffnen, die Umladung zu kontrollieren und in den Transportpapieren zu bestätigen.

Und so kam es, wie es kommen musste – der kasachische Zöllner war der Meinung, dass das Bier nicht als Anlagenzubehör angesehen werden könne und somit nicht auf den Transportpapieren aufgeführt sei. Dieser Sachverhalt wurde entsprechend auf den Papieren vermerkt und führte damit bei der Entzollung in Tashkent zu entsprechenden Unstimmigkeiten. So wurde das Bier zunächst einmal vom Zoll beschlagnahmt und eingelagert. Unsere Bauleitung vor Ort, unsere Partner sowie der Zoll suchten daraufhin mehrere Monate nach einer Lösung, die „Kuh vom Eis" zu bekommen.

Basis, dieses Thema abschließen zu können, war schließlich die offizielle Feststellung des Zolls, dass das Lebensmittel aufgrund der langen Lagerzeit zwischenzeitlich verdorben sei. Um dies feststellen zu können wurden vom Zoll umfangreiche Proben genommen und auf eine uns unbekannte Weise ausführlich getestet.

Für diese - jetzt praktisch wertlose - Ware war natürlich in den Monaten bereits eine nicht geringe Forderung für Lagergebühren aufgelaufen. Gegen deren Erstattung konnten wir den verbleibenden, vom Zoll freigegebenen Teil der Ware letztlich in Empfang nehmen, nicht ohne uns mit einigen Dosen für die pragmatische Lösung und Hilfe bei den für das Lager verantwortlichen Leuten zu bedanken.

Die Bilanz sah am Ende so aus: Wir haben letztlich etwa ein Drittel der ursprünglichen Menge bekommen, hatten zusätzliche Kosten, z.B. für Lagergebühr, und eine Menge Ärger. Letztlich ist schwer abzuschätzen, was im Endeffekt dann eine Dose Freibier gekostet hat, aber es war auf jeden Fall so viel, dass wir den Rest mit einer gewissen Ehrfurcht getrunken haben.

Ukraine

Die Ukraine ist seit den Unruhen in Kiew im Jahre 2014 auf dramatische Weise in den Fokus der Weltöffentlichkeit gerückt. Vorfälle wie die Besetzung des Maydan, die Annexion der Krim, und auch die kriegerischen Auseinandersetzungen um die im Osten an der Grenze zu Russland gelegenen Provinzen beschäftigten die Weltpresse über Monate. Die Berichte über den Abschuss des Malaysian Airlines Flugzeuges - durch wen auch immer - sowie über die Bemühungen um eine diplomatische Lösung bei den Gesprächen in Minsk schaffen es problemlos auf die Spitzenplätze der Nachrichtensendungen und Zeitungen.

Wenn man zurück in die Vergangenheit blickt war die Ukraine – immerhin ein Land, das mehr als doppelt so groß ist wie Deutschland - wohl weniger bekannt. Zu Sowjetzeiten dürfte der Unfall im Kernkraftwerk Tschernobyl die Meldung gewesen sein, die der damaligen Ukrainischen Sozialistischen Sowjetrepublik einen gewissen Bekanntheitsgrad verschaffte.

Nach Zerfall der Sowjetunion brachten die meisten die Ukraine vermutlich am ehesten mit den Meldungen um die ehemalige Präsidentin Julia Timoschenko, den Gebrüdern Klitschko, der Fußball-Europameisterschaft oder dem Eurovision Song Contest in Verbindung.

Ich selbst habe die Ukraine – genauer die Städte Kiew und Donezk - nur wenige Male kurz besucht und es nicht geschafft, eine Beziehung zu dem Land aufzubauen. Ob dies an den Partnern vor Ort, an den Leuten oder an den jeweiligen Umständen der Reisen lag ist schwer zu sagen, aber wohl gefühlt habe ich mich dort nicht besonders.

Flughafen Donezk

Eine meiner Reisen führte mich von Kiew auch für zwei Tag nach Donezk. Am Flughafen von Donezk hatten wir viele Jahre zuvor eine Anlage für die Befeuerung der Startbahn und der Rollwege installiert, und der Grund meines Aufenthaltes war die Durchsprache einer geplanten Erweiterung und Modernisierung.

Außergewöhnlich war, dass ich die Reise mit einem lokalen Partner unternahm, der weder der deutschen noch der englischen Sprache mächtig war. Bei den Besprechungen und einem sehr guten ukrainischen Abendessen stand zwar ein Dolmetscher – ein Student, der auch bereits einige Praktika in Deutschland absolviert hatte – zur Verfügung, aber für alle anderen Phasen der Reise war ich auf meine sehr dürftigen Russischkenntnisse sowie auf eine Kommunikation mit Händen und Füssen bzw. Zeichnungen oder Skizzen angewiesen. Aber am Ende hat es doch irgendwie funktioniert.

Den Flughafen konnte ich mir bei dem Besuch genau ansehen, meine Gespräche fanden in Räumen des Terminals statt. Ich war also genau an den Plätzen, die man in den vergangenen Monaten – nun völlig zerstört – in den Nachrichtensendungen gezeigt bekommen hat. Diese Fernsehbilder haben mich daher erheblich mehr berührt als Reportagen aus unbekannten Gegenden. Schließlich denkt man auch automatisch daran, wie es Leuten ergangen ist, die man persönlich kennengelernt hat.

Ähnlich ergeht es vermutlich den Kollegen, die vor vielen Jahren den Flughafen in Gaza ausgerüstet haben und von deren „Werk" auch nur noch ein Trümmerfeld übrig ist.

Devisenausfuhr

In vielen Ländern ist es so, dass man bei der Einreise mitgeführte Devisen angeben muss. Bei der Ausreise darf man dann nur maximal diese Beträge ausführen – für darüberhinausgehendes Bargeld braucht man eine offizielle Genehmigung.

In diesem Zusammenhang ist vielleicht interessant zu wissen, dass es in manchen Ländern absolut nicht empfehlenswert ist, bei der Einreise größere Beträge mitgeführten Bargelds korrekt anzugeben. Die Gefahr ist zu groß, dass jemand beim Geldvorzählen zusieht oder auch einen Tipp eines unterbezahlten Zöllners bekommt und man dann gezielt verfolgt und bei passender Gelegenheit gezwungen wird, das mitgebrachte Geld herauszugeben. Einige Länder haben jedoch eine gewisse Grenze angegeben, bis zu der keine Deklaration nötig ist.

Bei meiner letzten Ausreise aus Kiew hatte ich genau mit einer derartigen Freigrenze Probleme, wie ich sie sonst nirgends gehabt habe. Am Flughafen gab ich an, dass ich keine Devisen über der Meldegrenze von, soweit ich mich erinnere, 200 USD mitführe – so hatte ich es auch bei der Einreise angegeben. Das war auch ungefähr richtig, nur hatte ich nicht ganz genau nachgerechnet, wie sie die mitgeführten Euro umrechnen würden. Ich war vermutlich knapp unter der Grenze, oder auch geringfügig drüber. Und ausgerechnet in dieser Situation nahm mich eine etwas ältere, resolute Zollbeamtin ins Kreuzverhör. Sie fragte immer wieder, ob ich sicher nicht mehr Geld mitführen würde – wenn doch, hätte ich jetzt die letzte Möglichkeit, dies zuzugeben usw. Obwohl ich mir nicht ganz sicher war, andererseits mit meiner Deklaration schon Fakten geschaffen hatte, bin ich bei meiner Aussage geblieben. Nachdem der Nervenkrieg einige lange Minuten gedauert hatte, ließ sie mich dann doch ohne weitere Maßnahmen weitergehen.

Dieses Erlebnis symbolisiert dann auch den Abschluss meiner Aktivitäten in der Ukraine.

Türkei

Die Türkei hat mich dagegen während meiner gesamten Auslandstätigkeit begleitet. So führte mich die erste Dienstreise überhaupt im Jahr 1989 nach Ankara, der politischen Hauptstadt der Türkei, die letzte Reise im Rahmen meiner beruflichen Tätigkeit 22 Jahre später in die wirtschaftliche Hauptstadt Istanbul. Dazwischen lagen unzählige Aufenthalte oder zumindest Zwischenstopps in diesem, gerade für Geschäfte in den zentralasiatischen Ländern sehr wichtigen Land.

Der Flughafen von Istanbul

Der Flughafen in Istanbul hat sich im Laufe der Zeit zu einem idealen Knotenpunkt für die Reisen in die zentralasiatischen Staaten entwickelt. Da auch von Nürnberg entsprechende Direktverbindungen nach Istanbul angeboten werden, ergaben sich gute Verbindungen zu vielen meiner Reiseziele.

Gerade die Verbindungen nach Turkmenistan und Usbekistan sind ein Erlebnis für sich. Typischerweise nutzen diese Verbindungen viele Gruppen von älteren Frauen, die aus diesen Ländern zum Einkaufen in die Türkei fliegen und ihre Einkäufe auf den heimischen Märkten wieder verkaufen. Dies macht natürlich nur Sinn, wenn sie auch eine entsprechende Menge an Waren mitnehmen. Die überwiegend in stabilen Plastiktaschen verpackten „Mitbringsel" sind allerdings weder für die Aufgabe als Reisegepäck geeignet noch sind Kosten für Übergepäck in der Kalkulation berücksichtigt bzw. würden den Gewinn aus solchen Aktionen nur unnötigerweise schmälern. So stehen diese Gruppen dann mit einem riesigen Berg „Handgepäck" am Gate und versuchen, dieses zu verladen. Da diese zentralasiatischen Frauen auch nur je zwei Hände haben, ist dies eine logistische Herausforderung, die nur mit einer Art Menschenkette mit verteilten Rollen zu bewältigen ist. Das führt dann dazu, dass nicht, wie bei einem normalen Boarding, alle Leute in einer Richtung vom Gate in das Flugzeug zum gebuchten Platz gehen, sondern dass sich zusätzlich noch ein Gegenverkehr ergibt an Frauen, die sich gegen den Strom wieder zurückkämpfen um die nächsten Tüten, die von einer Kollegin inzwischen bewacht worden waren, zu holen. Sicher ist das nicht entsprechend der Handgepäck-Regelungen der Turkish-Airlines, aber die für die Abfertigung der Passagiere zuständigen Flughafenmitarbeiter müssen hier einfach Kompromisse finden zwischen dem Aufwand, sich gegen eine Gruppe energischer, keifender, zentralasiatischer Frauen durchzusetzen und der Aufgabe, das Flugzeug innerhalb einer gewissen Zeit startklar zu machen. Also dürften sie froh sein, wenn sie die Passagiere mitsamt dem ganzen Handgepäck-Chaos halbwegs vernünftig und schnell in das Flugzeug geladen haben und auf die Reise schicken können. Natürlich läuft dieser Mechanismus dann beim Aussteigen in umgekehrter Reihenfolge wieder ab, so dass auch die Abfertigung am Zielflughafen nur suboptimal vonstattengeht.

Ein anderes Erlebnis hatte ich am Flughafen Istanbul, als ich frühmorgens von Baku kommend dort landete. Es war zur Zeit der Vogelgrippe, und den diesbezüglich geschulten Flugbegleitern ist wohl ein Mann aufgefallen, der Anzeichen von Fieber zeigte. Die Folge war, dass das Flugzeug unter Quarantäne gestellt wurde, und ein medizinisches Team mit Vollschutz-Anzügen an Bord kam. Die Szene hat mich irgendwie an den Film Outbreak erinnert. Nach Untersuchung des vermeintlichen Patienten begann man von allen Passagieren die Visitenkarten einzusammeln und Informationsmaterial zu verteilen mit der Aufforderung, sich bei Auftreten entsprechender Symptome sofort in ärztliche Behandlung zu begeben. Wenn man eine solche Aktion selbst miterlebt, kann man schon Angst bekommen – einmal vor der Krankheit selbst, aber auch vor evtl. Quarantäne-Maßnahmen, die einen treffen können und gegen die man machtlos ist.

Die erste Reise nach Ankara – das türkische Parlament

Aufgrund der Tatsache, dass es meine erste Dienstreise war, kann ich mich an meine erste Mission in Ankara noch recht gut erinnern. Auch das Projekt war für mich recht interessant – es ging um die Konzeption einer Innen- und Außenbeleuchtung für das Gebäude des türkischen Parlaments in Ankara.

Eine für mich überraschende Erkenntnis war, dass irgendwie nirgends so wenige Türken zu leben scheinen wie in der Türkei. In Fürth, der Stadt, in der ich die ersten 27 Jahre meines Lebens verbracht hatte, gab es einen relativ hohen Anteil türkischer Mitbürger. Eine besondere Beziehung zu diesen kam auch daher, dass mein Vater über viele Jahre in einem Jugendzentrum als Erzieher gearbeitet hat und es dort überwiegend mit türkischer „Kundschaft" zu tun hatte. Ich bin also mit einem gewissen Bild bzw. einer gewissen Erwartung nach Ankara geflogen. In Ankara konnte ich dann aber feststellen, dass nur ein Teil der türkischen Bevölkerung vom Aussehen her diesem Bild entsprach; der größte Teil würde in Deutschland auf der Straße nicht unter den deutschen Passanten auffallen. Das ist letztlich auch nachvollziehbar, denn die türkischen Mitbürger in Deutschland sind ja doch hauptsächlich Gastarbeiter und deren Nachfahren, die ursprünglich nicht in den Metropolen Ankara und Istanbul, sondern eher in ländlichen Gegenden

Ostanatoliens angeworben wurden. So verkörpern die bei uns lebenden türkischen Mitbürger nur in geringem Maße den durchschnittlichen türkischen Bürger – sofern es einen solchen überhaupt geben sollte.

Die Krönung während dieses Besuchs war für mich dann aber, dass ich bei der Begehung des großen Sitzungssaals einmal auf dem Thron des türkischen Präsidenten platznehmen konnte. So wirklich begeistert waren die mich begleitenden Regierungsmitarbeiter davon zwar nicht, aber für ein Beweisfoto hat es gereicht. Dass dort jemals ein anderer Deutscher gesessen war, denke ich nicht.

Verkehr in Istanbul

Sehenswert ist für mich die Verkehrssituation in der Millionen-Metropole Istanbul. Zu den in einer Stadt dieser Größe normalen Verkehrsproblemen kommen in Istanbul noch zusätzlich die Schwierigkeiten aufgrund der speziellen geographischen Lage um Bosporus und Goldenem Horn hinzu.

Die Galata-Brücke, die auf der europäischen Seite zwei durch die „Goldenes Horn" genannte Bucht getrennte Stadtteile verbindet, ist z.B. eine Klappbrücke, die bei Bedarf für die Durchfahrt von Schiffen geöffnet wird. Wenn man sich vorstellt, dass eine stark befahrene Innenstadtverbindung, wie zum Beispiel der Mittlere Ring in München, immer wieder für einige Minuten gesperrt werden würde, hat man eine Idee, wie sich dies auf die Verkehrssituation auswirkt.

Ein noch größeres Nadelöhr im innerstädtischen Verkehr bilden die beiden jeweils über einen Kilometer langen und sechs Fahrspuren breiten Hängebücken, die sich in beeindruckender Weise über den Bosporus spannen und so den europäischen Teil Istanbuls mit dem asiatischen Teil verbinden. Über eine Million Personen nutzen täglich diese Verbindungen, um von Europa nach Asien und zurück zu fahren. Je nach Verkehrsdichte kann diese Passage schnell zu einer zeitraubenden Angelegenheit werden. Verglichen jedoch mit der Vorstellung, wie der interkontinentale Verkehr so wie früher mit Fähren ablaufen würde, ist der tägliche Stau auf den Brücken wohl das weitaus kleinere Übel

Eine weitere Alternative steht seit 2013 zur Verfügung. Nach mehrjähriger Bauzeit wurde das extrem anspruchsvolle Projekt einer Schienenverbindung durch einen Tunnel am Grund des Bosporus fertig gestellt. Ich habe einen Film gesehen, der den Bauablauf zeigt. Demnach wurden einzelne Tunnelsegmente an Land vorbereitet, an der gewünschten Stelle auf den Meeresboden abgesenkt, mit anderen Segmenten verbunden und verankert.

Die spezielle Verkehrssituation Istanbuls führt nicht nur zu dem täglichen Chaos auf den Straßen, mit denen man sich notgedrungen arrangiert, sondern birgt auch Gefahren, die man wohl ohne zu übertreiben als tickende Zeitbomben bezeichnen kann, und deren Folgen leicht apokalyptische Dimensionen annehmen können.

Eine potenzielle Gefahr ergibt sich daraus, dass Istanbul in unmittelbarer Nähe einer tektonischen Verwerfung liegt und Spezialisten in naher Zukunft ein starkes Erdbeben erwarten. Sicher führt ein Erdbeben in einer Millionenmetropole wie Istanbul in jedem Fall zu erheblichen Zerstörungen, vor allem in Stadtteilen, in denen die Gebäude nicht unter Berücksichtigung des Erdbebenrisikos errichtet wurden. Ich denke aber insbesondere an die Folgen für die Infrastruktur – ich kann mir nicht vorstellen, dass die großen Brücken, aber auch der Unterwasser-Tunnel ein derartiges Beben unbeschadet überstehen werden.

Als zweites Damokles-Schwert, das über der Stadt hängt, fürchten die Einwohner einen Zwischenfall mit einem Öltanker oder einem Schiff mit Gefahrgut auf dem Bosporus, einer der am dichtest befahrenen Schifffahrtsstraße der Welt. Ein leck geschlagener Öltanker oder eine Explosion irgendwelcher Chemikalien mitten im Herz der Stadt würde wohl Folgen haben, die man sich am liebsten nicht vorstellen möchte. Auch aus diesem Grund plant die Regierung den Bau eines „Neuen

Bosporus", eines 40-50 km langen Kanals, der westlich von Istanbul bis 2023 gebaut werden und einen großen Teil des Schiffsverkehrs übernehmen soll.

Als Tourist unterwegs

Trotz meiner zahlreichen Besuche in Istanbul hat sich nur einmal die Möglichkeit ergeben, mit einem Kollegen zusammen ein Wochenende in Istanbul zu verbringen. Nach dem Besuch der Top-Ziele, wie der Blauen Moschee und der Hagia-Sophia, haben wir eine Schifffahrt auf einem kleinen Linienschiff unternommen, die uns durch den ganzen Bosporus bis hinauf zur Mündung in das Schwarze Meer geführt hat. Am Ende des Bosporus liegt ein kleines Dorf, von dem aus man zu einer Festung wandern kann, um von dort einen genialen Ausblick auf das Schwarze Meer, die auf die Durchfahrt durch den Bosporus wartenden Schiffe und den Bosporus selbst zu haben. An einem schönen Wochenendtag ist die Festung das Ziel vieler Ausflügler; mit etwas Phantasie für die Geschichte kann man sich aber gut vorstellen, wie früher von dieser exponierten Lage aus der Schiffsverkehr beobachtet und auch militärisch kontrolliert wurde.

Türkische Ehrlichkeit

Über die Ehrlichkeit bzw. Kriminalität in Istanbul kann ich mir nur schwer ein Urteil erlauben. Ich kann nur über zwei Situationen berichten, die ich selbst erlebt habe.

Unmittelbar nachdem ich ein Taxi, mit dem ich vom Hotel ins Büro gefahren bin, verlassen und die Tür geschlossen hatte bemerkte ich, dass mein Handy nicht mehr in meiner Tasche war. Die einzige Möglichkeit war, dass es mir im Taxi aus der Tasche gerutscht war. Obwohl ich keine große Hoffnung hatte, das Telefon wieder zurückzubekommen, hat der Fahrer einen Anruf eines türkischen Kollegen auf meinem Handy entgegengenommen und es mir – lediglich gegen Erstattung der Fahrtkosten – unversehrt wieder ins Büro gebracht. Glück gehabt!

Andererseits musste ich auch eine andere Erfahrung machen. Noch zu der Zeit der „alten türkischen Lira", einer Währung mit vielen Nullen, wurde bei der Zahlung in einem Restaurant mit Kreditkarte bei der Eingabe des Betrages ein Komma unterschlagen. Die Folge war, dass aus einem eigentlich zweistelligen Rechnungsbetrag bei der Abrechnung ein vierstelliger wurde. Die zuständige Abteilung für Kreditkartenbetrug bei der deutschen Polizei kannte dieses Problem, sah aber keine Chance für eine sinnvolle Verfolgung. Es gäbe einen unterschriebenen Beleg und der Beweis sei nicht zu führen, dass dieser nicht mit der tatsächlichen Rechnung übereinstimme. Pech gehabt!

Turkmenistan

Relativ oft hat mich mein Weg auch nach Turkmenistan geführt, einem Staat, der beim Zerfall der Sowjetunion aus der Turkmenischen Sozialistischen Sowjetrepublik entstanden ist. Das überwiegend aus Wüste bestehende Turkmenistan liegt auf der östlichen Seite des Kaspischen Meeres, hat nur etwa 10% der Einwohner Deutschlands, die sich jedoch auf eine Fläche verteilen, die größer ist als die Bundesrepublik. Industrie und Landwirtschaft sind nur gering ausgebildet, die Einnahmen des Landes kommen überwiegend aus der Öl- und Gasförderung der riesigen Vorkommen im Land bzw. unter dem angrenzenden Kaspischen Meer.

Ich habe das Land als recht eigenartig erlebt. Ziemlich befremdlich ist z.B. der Personenkult, der um den Präsidenten betrieben wird. So hatte der erste Präsident nach der sowjetischen Zeit, Saparmyrat Nyazow, der sich Turkmenbashi (Vater aller Turkmenen) nennen ließ, beispielsweise die Monate umbenennen lassen – der Januar wurde z.B. nach ihm benannt, der April nach seiner Mutter. Die Stadt Krasnowodsk am Kaspischen Meer wurde in Turkmenbashi umbenannt, und viele Schulen oder öffentliche Einrichtungen tragen seinen Namen. Seine Bilder und Statuen sind allgegenwärtig – wohl am eindrucksvollsten zu bestaunen ist in der Hauptstadt Ashgabat eine überlebensgroße goldene Statue, die auf einem drehbaren Sockel steht. Die Statue dreht sich so, dass das Gesicht des Turkmenbashi immer in Richtung der Sonne blickt und so niemals ein Schatten das Gesicht des Präsidenten verdunkelt.

Nach dem Tod von Nyazow 2006 wurde – selbstverständlich in einer freien und demokratischen Wahl - Gurbanguly Berdimuhamedow mit knapp 90% der Stimmen bei einer Wahlbeteiligung von immerhin 99% zum Nachfolger gewählt. Abgesehen von einigen geringfügigen Veränderungen blieb die Linie von Nyazow, und damit auch die Verehrung des alten und nun auch des neuen Präsidenten, jedoch weiterhin prägend.

Dass das gesamte Staatswesen auf Gehorsam gegenüber und Kontrolle von oben ausgerichtet ist erkennt man sehr deutlich, sobald man eine konkrete Entscheidung einer staatlichen Stelle benötigt. Man kann endlose und auch durchaus freundliche und qualifizierte Gespräche und Verhandlungen mit den entsprechenden Fachleuten führen – die Entscheidung herbeizuführen ist jedoch stets unmöglich, da die letztlich „ ganz oben" liegt.

Zeichen der Abschottung und Kontrolle sind für mich auch deutlich in der Visa-Politik zu erkennen. Während ich in allen Ländern, für die ein Visum erforderlich ist, mir problemlos am Anfang des Jahres ein Jahresvisum ausstellen lassen konnte, musste in

Turkmenistan für jede Einreise ein neues Visum beantragt werden. In der Zeit, in der ich regelmäßig in Turkmenistan war, war die Folge, dass ich mir einen neuen Reisepass ausstellen lassen musste, nicht weil mein vorheriger Pass abgelaufen war, sondern weil er schlicht voll mit Visa war.

Ashgabat – eine surreale Stadt der Superlative

Das erste was einem auffällt, wenn man spät am Abend in Ashgabat landet, die Einreiseformalitäten erfolgreich hinter sich gebracht hat und sich mit einem Fahrer auf den Weg ins Hotel aufmacht, sind die monumentalen Gebäude, hell erleuchteten Wasserspiele sowie die allgegenwärtige Beleuchtung, die selbst farbige Lichterketten auf Baukränen umfasst. Dass um diese Zeit – bei den Flügen aus Deutschland ist es jetzt bereits nach Mitternacht – die Stadt praktisch menschenleer ist, verwundert dabei eigentlich noch nicht.

Wenn man am nächsten Tag vom Hotel zum Büro oder zu einer Besprechung fährt, dann erschließt sich einem der surreale Charakter dieser Stadt. Man fährt auf teilweise 8-spurigen Straßen vorbei an dem größten Fahnenmast der Welt, an dem eine riesige turkmenische Flagge weht, an grünen Parks, an monumentalen Regierungsgebäuden, Denkmälern, Wasserspielen und an modernen Hochhäusern – und einer Menge Baustellen. Es fällt jetzt aber auch am Tag deutlich auf, dass verhältnismäßig sehr wenige Leute unterwegs sind. Am meisten erinnere ich mich an ältere Frauen in turkmenischer Tracht, die mit Reisigbesen in der Hand dafür sorgen, dass die Stadt blitzsauber bleibt.

Man findet in der Stadt einige Restaurants und einen Irish-Pub, in denen man - außer in den Restaurants und Bars der drei großen Hotels - auch auf Ausländer trifft, die geschäftlich für eine kürzere oder längere Zeit in der Stadt sind. Im Allgemeinen macht die Stadt auf mich aber einen sterilen und unwirklichen Eindruck.

Turkmenbashi
– ein Urlaubsort am Kaspischen Meer?

Eine gute Flugstunde nordwestlich von Ashgabat liegt direkt am Kaspischen Meer die Stadt Turkmenbashi. Von einer türkisch-turkmenischen Baufirma hatten wir den Auftrag zur Lieferung und Montage der gesamten elektrotechnischen Ausrüstung des neuen Flughafens der Stadt.

Als ich das erste Mal in Turkmenbashi landete wurde mir sofort klar, warum dieser Flughafen unbedingt einer umfangreichen Rekonstruktion bedarf. Wenn man sich die futuristischen Pläne der Regierung ansieht, die Region zu einem Ziel für den internationalen Tourismus zu entwickeln, dann muss man zuerst den technisch desolaten Provinzflughafen zu einem internationalen Airport ausbauen.

Bei der Fahrt von dem etwas außerhalb von Turkmenbashi in einer kargen Hochebene liegenden Flughafen durch die Stadt zu meinem neu erbauten Hotel am Strand kamen mir dann aber doch erhebliche Zweifel, ob dieses Ziel auch nur annähernd realistisch ist. Um den Strand des Kaspischen Meeres zu erreichen, an dem – wie in Hochglanz-Prospekten der Regierung gezeigt – ein gigantisches Freizeit-Resort mit einem künstlichen Kanal, einem Jachthafen sowie zahlreichen Hotels entstehen soll, fährt man zunächst durch von den Anlagen zur Öl- und Gasförderung völlig verschmutzte Gebiete, in denen einem selbst das Atmen schwer fällt. Wie es gelingen soll, Touristen dazu zu bringen, sich ausgerechnet für ein Reiseziel in unmittelbarer Nähe derartiger Anlagen zu entscheiden, ist mir schleierhaft. Gerade für zahlungsfähige Ausländer machen die Umstände und Kosten der Visabeschaffung in Höhe von über 100 USD aber auch die hohen Zimmerpreise – ich habe für eine Nacht 150 USD bezahlt – das Reiseziel nicht gerade sehr attraktiv. In meiner gesundheitlichen Situation stellt sich mir die Frage nicht mehr, aber auch sonst kann ich mir einen Urlaub an vielen Orten – auch in Zentralasien – vorstellen, aber definitiv nicht in Turkmenbashi.

Rauchen gefährdet Ihre Gesundheit

Ich erinnere mich an den Volksentscheid zum Schutz der Nichtraucher, der vor einigen Jahren in Bayern durchgeführt wurde. Dieser demokratische Akt führte dazu, dass in öffentlichen Gebäuden und Restaurants aus gesundheitlichen Gründen ein Rauchverbot erlassen wurde.

In Turkmenistan laufen derartige Prozesse anders ab. Als sich vor vielen Jahren der Präsident Nyazow nach einer Herzoperation das Rauchen abgewöhnte, wurde das Rauchen in der turkmenischen Öffentlichkeit gänzlich verboten – es war dann nur noch in geschlossenen Räumen wie Restaurants erlaubt. Bei einem meiner Besuche habe ich mitbekommen, dass nun – aus welchem Grund diesmal habe ich nicht erfahren – vom neuen Präsidenten das Rauchen in geschlossenen Räumen und Restaurants verboten wurde. Das führte dazu, dass sich überall illegale Raucherplätze in irgendwelchen Treppenhäusern oder Innenhöfen gebildet haben an denen man hofft, nicht erwischt zu werden.

Zurück an Absender

Eine ärgerliche Geschichte ereignete sich, als zwei Kollegen von mir nach Ashgabat gereist sind. Sie sind zusammen an einem Tag hingeflogen und wollten eine Woche bleiben. Umso erstaunter war ich, als einer der beiden schon am nächsten Tag wieder im Büro erschien. Seine Reise nahm bei der Einreisekontrolle in Ashgabat eine unerwartete Wendung.

Er hatte, wie viele Kollegen und ich auch, zwei Reisepässe um flexibel zu sein, wenn z.B. ein Reisepass zu einer Botschaft geschickt werden musste, um ein Visum eintragen zu lassen, oder wenn ein arabischer Staat niemanden mit einem Pass einreisen ließ, in dem ein israelischer Einreisestempel ist.

Bei der Einreise wurde nun festgestellt, dass die offizielle Einladung, die Basis für die Erteilung eines Visums ist, nicht auf den Pass ausgestellt war, den er dabei hatte, sondern auf die andere Passnummer. Man ließ ihn daher nicht einreisen und er hatte keine andere Möglichkeit, als mit demselben Flugzeug, mit dem er gekommen war, gleich wieder zurück zu fliegen. Das dürfte eine gute Chance haben auf den Titel „Die sinnloseste Dienstreise".

Der Grenzbeamte hat sicher formell alles richtig gemacht. Vielleicht wäre es möglich gewesen, eine Ausnahme zu machen, da der Kollege schon mehrfach im Lande war und das Visum für ihn korrekt beantragt wurde – bis eben auf die Passnummer. Aber nach Mitternacht am Flughafen war niemand bereit und in der Lage, eine derartige Entscheidung zu treffen. Mich würde in diesem Zusammenhang auch interessieren, wie in einer vergleichbaren Situation ein deutscher Grenzbeamter in Frankfurt reagieren würde, dem ein Turkmene mit Unstimmigkeiten in den Dokumenten gegenübersteht.

Tschechoslowakei

Den veralteten Namen Tschechoslowakei habe ich hier verwendet, weil das der aktuelle Name war, unter dem ich das Land als Jugendlicher kennengelernt habe. Zwischenzeitlich wurde das Land in die Tschechische Republik und die Slowakei aufgeteilt. Insgesamt war ich nur dreimal privat in unserem Nachbarland, habe dabei allerdings solche Kontraste erleben können wie sonst nur im Zusammenhang mit der DDR.

Reise zu den Wurzeln der Familie

Als Jugendlicher war die Reise mit meiner Mutter und Bekannten in die damalige Tschechoslowakei die erste „richtige" Auslandsreise. Frühere Reisen in die Urlaubsländer Österreich und Italien waren üblich, aber alles - mit Ausnahme einer anderen Währung und einer relativ lockeren Grenzkontrolle - war dort irgendwie vergleichbar mit Deutschland. Eine Reise in das damals noch feindliche Ostblock-

Land war nur mit Visum möglich, alle Übernachtungen mussten vorgebucht werden, für jeden Tag und jede Person musste ein bestimmter Betrag in Landeswährung umgetauscht werden, und bei den Grenzkontrollen wurden sowohl die Personen als auch das Fahrzeug sowie das Gepäck genauestens überprüft. Die Grenze, die damals noch als „Eiserner Vorhang" bezeichnet wurde, hatte etwas Bedrohliches an sich, man fühlte sich immer etwas eigenartig und so richtig aufatmen konnte man eigentlich erst, wenn man wieder zurück „im Westen" war.

Unsere Reise führte zunächst nach Prag und von dort über Brünn nach Zwittau, dem Geburtsort meiner Mutter. Seit ihrer Vertreibung als Kind in den Jahren nach dem zweiten Weltkrieg war sie nicht mehr dort gewesen, und so war es besonders für sie eine Reise in die Vergangenheit. Mich haben damals neben den touristischen Sehenswürdigkeiten wie den Highlights von Prag, einigen Besichtigungen von Städten wie Budweis oder Krumau und dem Besuch des Märchenschlosses Hluboká, am meisten die organisatorischen Rahmenbedingungen beeindruckt. In den für westliche Touristen zugelassenen Hotels kostete ein ganzes Menü im Restaurant das gleiche wie ein Glas (westliches) Cola; wo auch immer wir unser westliches Auto geparkt haben, haben sich Trauben interessierter Schaulustiger gebildet, und am Ende der Reise hatten wir Probleme, unser lokales Geld auszugeben, denn weder ein Rücktausch noch eine Mitnahme nach Deutschland waren erlaubt.

Als wir dann am Grenzübergang Philippsreuth wieder deutschen Boden unter den Füßen hatten, hat sich zum einen die während der ganzen Reise immer latent vorhandene Anspannung gelöst, andererseits blieb der Blick zurück auf eine eindrucksvolle Reise in eine andere Welt.

Grenze – viele Jahre später

Wie anders verlief dann viele Jahre später mein zweiter Besuch. Die Tschechoslowakei war zwischenzeitlich geteilt worden, die Tschechische Republik war Mitglied der Europäischen Union und auch dem Schengener Abkommen beigetreten. Eine Grenzkontrolle gab es überhaupt nicht mehr, die Autobahn war durchgebaut, und der Verlauf des früher mit Angst und negativen Gefühlen belasteten „Eisernen Vorhangs" war nur noch durch die Beschilderung an der Straße zu erahnen. Sowohl auf deutscher als auch auf tschechischer Seite hatte man sich schnell auf die neue Situation eingestellt. Nicht länger waren touristischer Entdeckerdrang oder persönliche Gründe der Anlass, die Schwierigkeiten eines Grenzübertrittes in Kauf zu nehmen – man fuhr schnell mal über die Grenze, um sein Auto für ein paar Euro billiger aufzutanken oder auf einem der zahlreichen aus dem Boden geschossenen Märkte in Grenznähe Zigaretten, Alkoholika und sonst alles Mögliche günstiger einzukaufen.

So sind auch wir während einer Rundfahrt im Bayrischen Wald einmal kurz in die Tschechische Republik gefahren – und ich konnte mein Bild von unserem Nachbarland auf den neuesten Stand bringen.

Prag – viele Jahre später

Noch wesentlich eindrucksvoller konnte ich den Wandel der Zeit während eines Wochenendes in Prag erleben. Aufgrund der immer noch schlechten Bahninfrastruktur bietet die Deutsche Bahn eine Direktverbindung mit komfortablen Reisebussen von Nürnberg nach Prag an.

Wir sind also in dreieinhalb Stunden bequem in die tschechische Hauptstadt gefahren, und ich habe dort ein völlig verändertes, westliches Prag vorgefunden. Die Sehenswürdigkeiten waren natürlich im Prinzip dieselben, nur waren sie diesmal des Sehens noch würdiger. Wo früher eher eine graue Atmosphäre herrschte, in der zwar sicher auch zahlreiche Touristen die Stadt besuchten, findet man heute eine farbenfrohe, internationale Metropole vor, in der es einfach Spaß macht, sich in ein Straßencafé zu setzen und die Menschen zu beobachten, oder das Stadtbild aus historischen aufwändig renovierten Bauwerken, Seite an Seite mit modernen Gebäuden, auf sich wirken zu lassen. Die Folge ist allerdings, dass so viele Touristen Prag besuchen, dass es an einigen Stellen der Stadt richtig eng wird. So fällt es zu manchen Zeiten schwer, z.B. seine Geschwindigkeit beim Überqueren der Karlsbrücke selbst zu bestimmen, es bleibt einem vielfach keine andere Möglichkeit, als sich einfach treiben zu lassen.

Geschichte hautnah – die Deutsche Botschaft in Prag

„Wir sind heute zu Ihnen gekommen um Ihnen mitzuteilen, dass heute Ihre Ausreise …". Mit diesen Worten, gesprochen vom Balkon der Deutschen Botschaft in Prag zu Tausenden DDR-Bürgern im Garten der Botschaft, ist der damalige deutsche Außenminister Hans-Dietrich Genscher in die Geschichte eingegangen. Diese hoch-emotionale Rede und die Fernsehbilder von der Flucht in die Deutsche Botschaft haben sich bei mir, wie vermutlich bei den meisten Deutschen in Ost und West, tief in das Gedächtnis eingebrannt wie sonst nur wenige Ereignisse.

Natürlich hatte mich dieser Schauplatz, an dem Geschichte geschrieben wurde, ganz besonders interessiert, und so sind auch wir zum Palais Lobkowitz, dem am Fuße der Prager Burg ziemlich unscheinbar in einer Seitenstraße gelegenen Gebäude, in der die Botschaft untergebracht ist, gezogen. Für die Gefühle, die ich an diesem Ort empfand, lassen sich nur schwer Worte finden. Gemessen an der Größe der Ereignisse wirken das Gebäude und der Botschaftsgarten eher klein und unbedeutend. Auch wenn man am rückwärtigen Zaun des Botschaftsgarten steht ist es nur schwer vorzustellen, was sich genau an dieser Stelle vor 25 Jahren abgespielt hat, als unzählige DDR-Bürger hier durch Überklettern des „Eisernen Vorhangs" in Gestalt eines vielleicht 3 m hohen Gartenzaunes praktisch die Grenze zwischen den beiden Machtblöcken der Welt überwunden und so einen Stein ins Rollen gebracht haben, was zweifellos einen maßgeblichen Anteil an der weiteren politischen Entwicklung bis hin zur Wiedervereinigung Deutschlands hatte.

Tadschikistan

Umgeben von den Ländern Usbekistan, Kirgistan, China und Afghanistan liegt Tadschikistan in einer Hochgebirgsregion, deren höchste Berge über 7000 m hoch sind. Als Nachfolgestaat der Tadschikischen Sozialistischen Sowjetrepublik hat das Land auch in jüngster Zeit eine enge Bindung zu Russland. Andererseits besteht zwischen Frankreich und der Regierung eine Vereinbarung über die Nutzung des Flughafens in der Hauptstadt Duschanbe als Stützpunkt für militärische Operationen im nahen Afghanistan.

Nur einmal habe ich dieses Land mit einer Gruppe von Vertretern internationaler Firmen besucht, um an einer Bestandsaufnahme der technischen Ausrüstung der Flughäfen in Duschanbe und Chudschand teilzunehmen. Trotz des nur kurzen Aufenthalts in Duschanbe ist doch die eine oder andere Erinnerung geblieben.

Öffentliches Interesse in Tadschikistan

So wurde von uns z.B. die Frage aufgeworfen, wie denn hohe Masten, wie sie für die Montage der Anflugbefeuerung bis zu einer Entfernung von 1km vor dem Flughafen erforderlich wären, trotz einer vorhandenen Bebauung mit kleinen Wohnhäusern mit Gärten errichtet werden könnten. Unabhängig davon, dass sich konkret ein derartiges Problem in Deutschland nie stellen würde, denn eine Bebauung so nah bei einem Flughafen würde es hier überhaupt nicht geben, haben die europäischen Besucher genau diese Frage als kritisch angesehen. An diesem Beispiel wurde uns aber wieder einmal vor Augen geführt, dass es doch unterschiedliche Betrachtungsweisen gibt. Letztlich hatte ich den Eindruck, dass man nicht etwa eine Lösung für diese Fragestellung gefunden hätte – man hat auf tadschikischer Seite weder die Frage verstanden noch das Problem überhaupt gesehen. Wenn nötig, wäre es wohl kein Problem, im Gemüsebeet einen 20 Meter hohen Mast aufzustellen, und wenn ein Häuschen im Weg stünde…

„Wir machen Sie jetzt mit den Sicherheitsregeln an Bord vertraut…"

Ein anderes Erlebnis, von dem mir ein Kollege berichtet hatte, zeigt den aus unserer Sicht doch etwas unkonventionellen Umgang mit Regelungen. Er war kurz vor Weihnachten am Flughafen in Duschanbe, um dort eine Anlage in Betrieb zu nehmen. Bis zum geplanten Rückflugtermin konnten die Arbeiten aber nicht abgeschlossen werden. Mein Kollege war bereit, seinen Aufenthalt noch bis zum 22.12. zu verlängern, allerdings gegen die Zusage unseres Kunden – der Flughafenverwaltung in Duschanbe – auf jeden Fall noch einen Platz in der eigentlich ausgebuchten Maschine nach Moskau zu bekommen, damit er auf jeden Fall an Weihnachten zu Hause sein kann. So wurde es vereinbart und mein Kollege hat sich darauf verlassen, wohl wissend, dass in diesen Ländern auch bei ausgebuchten Flügen einige Plätze für besondere Fälle freigehalten würden. Das Flugzeug war in diesem Fall jedoch wirklich ausgebucht. Da er aber das Versprechen des Flughafendirektors hatte, musste man sich etwas einfallen lassen. So ließ man ihn dennoch an Bord, platzierte im Bereich der Bordküche eine große Werkzeugkiste und bat ihn, auf dieser Platz zu nehmen. Man empfahl ihm noch, sich aus Sicherheitsgründen besonders beim Start und der Landung irgendwo gut festzuhalten.

Wie groß Berge sein können

Bisher hatte ich die Bezeichnung Hochgebirge mit den Alpen in Verbindung gebracht. Eine ganz andere Dimension habe ich allerdings kennen gelernt, als ich nach Abschluss meiner Gespräche in Tadschikistan von Duschanbe nach Almaty in Kasachstan geflogen bin. Die Strecke wird von der tadschikischen Fluggesellschaft mit einer Jak-40, einem kleinen Düsenflugzeug mit 32 Sitzplätzen, bedient.

Ein Flug mit diesem Flugzeug, das von 1966-81 gebaut wurde und auch von der Innenraumgestaltung einen entsprechenden nostalgischen Charme ausstrahlt, ist alleine schon ein Erlebnis. Um Probleme mit dem Druckausgleich bei Start und Landung zu reduzieren, wurden von der Flugbegleiterin Bonbons verteilt und sorgsam darauf geachtet, dass man diese auch in den Mund steckt. Und irgendwie dachte ich mir, dass das Flugzeug schon so viele Jahre geflogen ist, dass es nicht ausgerechnet dann kaputt geht, wenn ich drin sitze.

Aber gerade mit diesem Flugzeug das Hochgebirge zu überfliegen war ein unvergessliches Erlebnis. Die Berge waren nicht nur hoch sondern vor allem auch massiv und vom Charakter her ganz anders, als ich es bisher gesehen hatte. Verstärkt wurde dieser Eindruck noch dadurch, dass das Flugzeug beim Überflug dieser westlichen Ausläufer des Himalaya-Gebirges wohl an die Grenzen seiner normalen Reiseflughöhe stieß. Wo irgend möglich folgte das Flugzeug Talverläufen, so dass man die Berge mehr neben dem Flugzeug sah statt darunter - eine eher ungewöhnliche Perspektive aus einem Verkehrsflugzeug. Bei der Querung von Höhenrücken kamen die Berge dann aber auch von unten bedrohlich nah.

Nach zwei fesselnden Stunden landete das Flugzeug wohlbehalten in dem an der Nordflanke dieses beeindruckenden Gebirges liegenden Almaty, von wo ab sich nach Norden die endlose kasachische Ebene erstreckt.

Spanien

Spanien selbst ist das einzige Land in Westeuropa, das ich weder geschäftlich noch privat besucht habe. Auf die zu Spanien gehörenden Kanarischen Inseln dagegen habe ich drei wunderbare Urlaubsreisen unternommen. So war ich Anfang der 90er Jahre – vor der Zeit, in der wir üblicherweise mit dem Wohnmobil in den Urlaub gefahren sind – im Rahmen einer Pauschalreise auf Gran Canaria. Die anderen beiden Reisen haben wir später individuell organisiert, und sie führten uns nach Lanzarote und Fuerteventura. Von Gran Canaria und Fuerteventura kann ich jedoch hier nichts Besonderes berichten. Wesentlich eindrucksvoller war für mich Lanzarote, die Insel der Vulkane und Wirkungsstätte von Cesar Manrique.

Die geheimnisvolle Insel

Als Jugendlicher habe ich mir zum ersten Mal den Film „Die geheimnisvolle Insel", die Verfilmung eines Romans von Jules Verne, angesehen. Die Außenaufnahmen in dem Film, in dem Omar Sharif die Rolle des Kapitän Nemo spielte, wurden in der unwirtlichen Vulkanlandschaft Lanzarotes gedreht. Bereits zu der Zeit entstand mein Wunsch, diese Landschaft einmal zu besuchen.

Neben der beeindruckenden Landschaft an der Nordwestküste der Insel gibt es aber auch noch andere Orte, die einen Bezug zu dem Film herstellen. So kann man das in den Felsen hineingebaute Haus „LagOmar" besichtigen, von dem Omar Sharif bei einem Besuch während der Dreharbeiten Anfang der 70er Jahre so beeindruckt gewesen sein soll, dass er es kurz entschlossen kaufte. Er soll aber, so erfährt man, nie in dem Haus gewohnt und es später sogar beim Bridge verspielt haben.

Lebendige Spuren des Vulkanismus

Außergewöhnlich und absolut sehenswert sind die Spuren des Vulkanismus auf der Insel. Zwar ist die ganze Insel eine Vulkanlandschaft, im Süden, in einem „Feuerberge" genannten Gebiet, liegen die letzten Ausbrüche jedoch nur wenige hundert Jahre zurück. Dort sieht man endlose Lavafelder, auf denen sich nur langsam karge Gewächse den feindlichen Lebensraum zurückerobern und beginnen, das dominierende Schwarz der Lava-Landschaft mit einem grünlichen Schimmer zu überziehen.

Unvergesslich ist eine einstündige Busrundfahrt durch die Vulkanlandschaft, in ständigem Auf und Ab vorbei an Kratern und Stellen mit einem grandiosen Ausblick über die Gegend bis zum Meer, in das sich die flüssigen Gesteinsmassen ergossen haben. Der immer noch aktive Vulkanismus wird den Besuchern am Ende der Rundfahrt eindrucksvoll demonstriert, indem ein Bündel trockenes Stroh in ein Erdloch geworfen wird, wo es sich nach wenigen Sekunden durch die vulkanische Hitze knapp unterhalb der Erdoberfläche entzündet. Oder durch eine Dampffontäne, die ausgelöst wird, indem man einen Eimer Wasser in eine Bohrung in der Erde schüttet und dieses in wenigen Metern Tiefe schlagartig verdampft, um dann mit ungeheurem Druck nach oben zu schießen. Die unter der Erdoberfläche vorhandene enorme Hitze nutzt man aber auch auf ganz andere Art. Im Restaurant des Besucherzentrums wird ein Grill mit der vulkanischen Hitze betrieben, so dass man ein vulkangegrilltes Steak genießen kann.

Cesar Manrique – ein Segen für die Insel

Ein großes Glück für die Insel ist das Wirken und der Einfluss des Künstlers und Architekten Cesar Manrique. Von ihm wurden zahlreiche Kunstwerke geschaffen, die in die Landschaft Lanzarotes eingebunden sind, wie zum Beispiel der Mirador del Rio, ein in den Berg gehauener Aussichtspunkt im Norden der Insel, die für die Öffentlichkeit zugänglich gemachte unterirdische Lava-Höhle Jameos del Agua oder der in einem aufgelassenen Steinbruch kunstvoll angelegte Kakteengarten Jardin de Cactus. Selbst das in Lava-Blasen hineingebaute Haus Manriques ist ein einzigartiges Kunstwerk und heute als Museum zu besuchen.

Außer den von ihm geschaffenen Kunstwerken als Symbiose seiner Ideen mit der Natur hat ihm Lanzarote vor allem zu verdanken, dass der Ausbau der Insel im Gegensatz zu ihren kanarischen Nachbarinseln wesentlich moderater und mit viel mehr Rücksicht auf die Natur erfolgte. Außer einer einzigen „Bausünde", einem Hotelgebäude in Arrecife, gibt es auf der ganzen Insel keine Hochhäuser, und die Bebauung orientiert sich durchgängig an dem gewachsenen Baustil der Insel.

Schweiz

Die Schweiz war für mich sowohl privat als auch geschäftlich hauptsächlich ein Transitland – entweder mit dem Auto nach Italien oder über den Flughafen Zürich Richtung Russland und einmal auch nach Albanien. Nur zweimal war die Schweiz unser Urlaubsziel, und wir haben mit dem Wohnmobil die schönsten Orte besucht.

Meine letzte Bergwanderung in den Alpen

In gewisser Weise spielt die Schweiz jedoch trotzdem eine besondere Rolle in meiner Erinnerung. Im letzten Bergurlaub in den Alpen habe ich, bevor ich wegen meiner Erkrankung dazu nicht mehr in der Lage war, meine letzten Wanderungen unternommen. Zwar mit Wanderstöcken wegen der Stabilität, aber immerhin auf eigenen Füßen, bin ich auf dem Jungfraujoch durch den Schnee gestapft und habe auf der „Schynigen Platte" über Interlaken eine schöne Höhenwanderung unternommen. Mit dem Gefühl, dass ich derartige Unternehmungen zukünftig wohl nicht mehr machen kann, habe ich diese Aktivitäten sehr intensiv erlebt.

Fondue

In der Schweiz sind Lebensmittel - und damit erst recht Restaurantbesuche - eine sehr teure Angelegenheit. Da sind wir mit unserer Wohnmobil-Küche natürlich eindeutig im Vorteil. Einmal haben wir uns aber trotzdem ein Käsefondue gegönnt und uns dabei offensichtlich als Nicht-Schweizer geoutet. Der Fonduetopf für 2 Personen war – verglichen mit den Mengen, die wir üblicherweise zu Hause servieren - mäßig gefüllt. Nachdem wir ein paar Mal Brot nachbestellt hatten, waren der Topf dann leer und wir halbwegs gesättigt. Die Chefin des Lokals war davon offensichtlich überrascht, denn normalerweise wäre die Portion für 2 Personen mehr als ausreichend und würde normalerweise nie aufgegessen.

Mondscheinfahrt auf den Säntis

Der Urlaub endete damit, dass wir einen Gutschein eingelöst haben, den wir viele Jahre vorher als Geburtstagsgeschenk bekommen hatten. Einmal im Monat – bei Vollmond – bietet die Bergbahn auf den Säntis, einen 2.500m hohen Aussichtsberg im Appenzeller Land, im Restaurant der Bergstation ein Mondscheinbuffet als „außergewöhnliches Erlebnis" an. Wir hatten dafür zwei der begehrten Tickets reserviert und unsere Reiseroute entsprechend geplant, um an diesem Tag dieses Highlight erleben zu können.

Es kam dann aber wie es kommen musste: Nach mehreren Tagen mit sehr schönem Wetter hingen tiefe Wolken über dem Säntis. Eine Zeit lang hatten wir die Illusion, dass die Wolken vielleicht niedriger seien als der Gipfel, und wir die Wolken bei Mondlicht von oben bewundern könnten. Aber auch diese Illusion war unberechtigt, denn man sah einfach überhaupt nichts.

Das Abendessen war ausgezeichnet. Von den großen Panoramafenstern sahen wir allerdings weder einen Sonnenuntergang noch Mond und Sterne und auch keine umliegenden Berge oder den nahen Bodensee. In der Dämmerung hatte ich vielmehr die Assoziation, durch eine Glasscheibe in das leicht trübe Wasser eines riesigen Aquariums zu schauen und darauf warten zu können, bis die verschiedensten Arten von Fischen an den Scheiben vorbeischwimmen. So war dieser Abend zwar anders als gedacht, aber auf seine Art doch ein unvergessliches Erlebnis.

Schweden

Schweden kenne ich von einer VW-Busrundfahrt durch Skandinavien mit einem Freund während meines Studiums, von einer Wohnmobilrundreise mit meiner Frau und von einigen privaten und geschäftlichen Besuchen in Stockholm und Göteborg. Wie in allen skandinavischen Ländern fühle ich mich in Schweden sehr wohl und besonders an die beiden ausgiebigen Rundfahrten denke ich sehr gerne zurück.

Ein bayerisches Restaurant

Ich denke beispielsweise gerne an die Geschichte, als mein Freund und ich, nachdem wir bereits einige Wochen in Nordskandinavien unterwegs waren, bei unserem Stadtrundgang in Stockholm ein kleines bayerisches Lokal fanden. Wie sich herausgestellt hat, war der Wirt wie wir aus Nürnberg, und so ergab sich nach längerer Zeit überraschend die Gelegenheit, sich für ein paar Stunden wie daheim zu fühlen.

Hinter der Theke sahen wir sogar Maßkrüge stehen, Gefäße, die in Skandinavien mit seiner restriktiven Alkoholpolitik für den Ausschank von Bier eher unüblich sind. Wir konnten der Versuchung nicht widerstehen und bestellten uns zwei Maß, auch wenn der Preis von knapp 20 DM damals in den 80er Jahren schon eine gewaltige Belastung für unsere Reisekasse war. Allerdings war es schon schön zu sehen, wie der Wirt mit den beiden eingeschenkten Maßkrügen durch das Lokal von Tisch zu Tisch ging und seinen Gästen zeigte, wie man in seiner Heimat Bier trinkt, bevor er sie uns servierte.

Wandern in der Wildnis

Weiter oben in der Wildnis Nordschwedens hatten wir eine ganz andere Aktivität geplant. Im Abisko-Nationalpark führt ein Fernwanderweg, der sogenannte Königsweg, in mehreren Tagesetappen durch die traumhaft unberührte Natur. Wir hatten uns vorgenommen, auf diesem Weg eine Woche nach Süden zu wandern, und uns mit den entsprechenden Karten und einer Outdoor-Ausrüstung ausgestattet.

So sind wir dann mit unseren 20 kg schweren Rucksäcken eines Morgens von der Abisko-Touristation gestartet. Wir liefen die ersten Stunden durch ein Moorgebiet, teilweise auf Holzplanken und begleitet von gefühlten Millionen Stechmücken. Am Nachmittag verließen wir dann die Ebene und folgten dem Weg in ein Hochtal, wo wir etwas besser gehen konnten und die Anzahl der Mücken etwas geringer wurde. An einer Stelle, die zumindest uns dafür geeignet erschien, schlugen wir unser Zelt auf, machten uns etwas zum Abendessen auf unserem Espit-Kocher warm und verkrochen uns müde aber zufrieden in unsere Schlafsäcke.

Irgendetwas muss aber entweder an der Lagerstelle oder auch an unserer Ausrüstung doch nicht optimal gewesen sein. Wir wachten beide nach der halben Nacht auf - Dunkelheit war zu dieser Jahreszeit soweit nördlich kein Problem - und mussten feststellen, dass sowohl unser Zelt als auch Isomatten und Schlafsäcke vom einsetzenden Regen völlig durchnässt waren. Vernünftigerweise, und weil wir uns nicht vorstellen konnten, wie wir unsere Sachen wieder trocken bekommen und so eine Woche weitergehen sollten, haben wir uns dazu durchgerungen, den Rückweg anzutreten und aus der Wochenwanderung eine 2-Tages-Tour zu machen. Wir haben also unsere Ausrüstung so gut es ging wieder eingepackt und sind mit den Rucksäcken, die nun nochmals um einige Kilogramm Wasser in den Schlafsäcken und Isomatten schwerer waren, zurück zu unserem VW-Bus, der in Abisko auf uns wartete, aufgebrochen. Als hätten sie es geahnt, haben uns die Mücken wieder erwartet und die Wege waren infolge des nächtlichen Regens noch schlechter zu begehen, aber schließlich sind wir am späten Vormittag wieder wohlbehalten in der Zivilisation angekommen. So richtig trocken wurde unsere Ausrüstung erst, als wir in Kiruna auf einem Zeltplatz eine entsprechende Möglichkeit fanden, sie richtig aufzuhängen. Die übrige Zeit nutzten wir dazu, uns die Sehenswürdigkeiten von Kiruna – die riesige Erz-Grube, die das Städtchen in jeder Hinsicht prägt, und die sehr sehenswerte Holzkirche – anzusehen und uns auszuruhen.

Russland

Nachdem ich ein paar Jahre in den russisch geprägten Ländern Zentralasiens, des Baltikums und des Kaukasus „geübt" hatte, wurde mir Mitte der 00er Jahre auch die Zuständigkeit für unsere geschäftlichen Aktivitäten in Russland selbst übertragen. In den darauffolgenden Jahren habe ich daher unzählige Male Russland besucht und dabei neben den Metropolen Moskau und St. Petersburg auch die Städte Jekaterinburg, Woronesh und Sotchi kennen gelernt. Sicher ist das nur ein sehr kleiner Teil des riesigen Landes und überwiegend im europäischen Teil Russlands gelegen – lediglich Jekaterinburg liegt 50 km östlich des Ural-Flusses und damit geografisch im asiatischen Teil – aber ich konnte sehr viel Eindrücke über Land und Leute sammeln.

Die politische Situation in Russland zu kommentieren maße ich mir nicht an, obwohl dies viele Leute, die Russland noch viel schlechter kennen als ich, bei allen möglichen sich bietenden Gelegenheiten wie selbstverständlich tun. Ich bin nur überzeugt davon, dass es unendlich schwierig ist, ein derart großes und von vielen Volksgruppen bewohntes Land zu regieren und zu organisieren. Jemand, der die westlichen Maßstäbe anlegt, mag hier vielleicht die reale Situation in seiner Analyse zu wenig berücksichtigen. Mir geben auch Rückmeldungen von Einwohnern aus den früher zur UdSSR gehörenden zentralasiatischen Staaten zu denken, die trotz aller Einschränkungen in früherer Zeit sehr wohl deutliche Vorteile im UdSSR-System sehen und die Auflösung der Sowjetunion für ihren persönlichen Alltag als eher negativ empfinden.

Von den Menschen in Russland wurde ich bis auf wenige Ausnahmen sehr freundlich empfangen. Besonders interessant war die Äußerung eines russischen Rechtsanwalts, der die Beziehung von Russland insbesondere zu Deutschland als über Jahrhunderte historisch gewachsen bezeichnete. So stünde Deutschland seiner Meinung nach gesellschaftlich und kulturell wesentlich näher zu Russland als zu Amerika. Die Umorientierung ist zwar als Folge des 2. Weltkriegs in der aktuellen Generation nachzuvollziehen – langfristig würde sich Westeuropa aufgrund der historischen Prägung sicher wieder mehr zu Russland hinwenden.

Weiße Nächte in St. Petersburg

Meine erste Reise nach Russland führte mich für ein paar Tage nach St. Petersburg. Zum Glück hatte ich bei diesem Aufenthalt auch genug Zeit, um mir einiges anzusehen. Über St. Petersburg könnte man einen eigenen Reiseführer schreiben, der die vielen interessanten Sehenswürdigkeiten der Stadt beschreibt wie den Winterpalast, den Katharinenpalast mit dem berühmten Bernsteinzimmer, das Schloss Peterhof und viele andere, was ich aber gerne anderen überlasse.

Aufgrund der ziemlich nördlichen Lage der Stadt wird es in den Sommermonaten nie richtig dunkel. Man befindet sich hier doch noch einige hundert Kilometer südlich des Polarkreises, so dass es keine Mitternachtssonne gibt, aber bei meinem Aufenthalt Anfang Juli herrschte die ganze Nacht über eine ganz eigenartige Dämmerung, die den sogenannten „Weißen Nächten" eine ganz besondere Stimmung verleiht.

Eine Erinnerung ist es mir aber doch wert, davon hier zu erzählen. In einer dieser Nächte nahm ich an einer nächtlichen Stadtrundfahrt teil, mit der ich auch einen Einblick in eine Besonderheit der Stadt bekommen habe. Der Fluss Newa, der St. Petersburg durchfließt, ist eine wichtige Schifffahrtsroute zu den weiter im Landesinneren gelegenen Häfen. Um auch größeren Schiffen die Durchfahrt zu ermöglichen, werden täglich nach Mitternacht für zwei bis drei Stunden nach einem festen Plan die Brücken in der Stadt hochgeklappt. Wer zu dieser Zeit noch auf der für ihn „falschen Seite" des Flusses ist hat Pech gehabt und muss einige Stunden warten, da es keine Möglichkeit gibt, über den Fluss zu kommen.

Im Rahmen der Stadtrundfahrt hatte ich die Gelegenheit, eine dieser Brücken zu besichtigen und dabei auch einen Blick in den Maschinenraum und auf den gewaltigen Mechanismus zu werfen, mit dem die immerhin 4-spurige Brücke angehoben wird. Auf die Frage, warum denn jede der Brücken mit einem Team an Maschinisten besetzt sei, wo doch alle Brücken mit weniger Personal zentral von einer Stelle aus gesteuert werden könnten, gab uns der „Brückenchef" eine etwas makabre Erklärung. Er meinte, dass das in anderen Ländern wohl möglich sei, nicht aber in Russland. Hier müsse der Vorgang des Öffnens der Brücke entsprechend überwacht werden, denn rote Ampeln und Schranken würden einen Russen nicht davon abhalten, trotzdem noch zu versuchen über die Brücke zu gehen. Durch den Klappmechanismus entsteht aber vor dem hochklappenden Brückenteil ein einige Meter breiter Spalt, durch den man direkt in die Kammer fällt, in der sich das Brückenteil und die Gegengewichte bewegen und womit manche wohl nicht rechnen. Wie zum Beweis zeigte er auf eine Ansammlung von roten Flecken an den Wänden – dem Blut von Leuten, die wohl nie mehr die Gelegenheit hätten, jemals wieder irgendeine Brücke zu überqueren. Die Anzahl derartiger „Unfälle" könne durch die persönliche Aufsicht zumindest minimiert werden, und so habe man von einer modernen Fernsteuerung bisher Abstand genommen.

Mit dem „Wanderfalken" von St. Petersburg nach Moskau

An Deutschland erinnert wird man, wenn man die erst vor ein paar Jahren eröffnete Hochgeschwindigkeitsverbindung zwischen St. Petersburg und Moskau nutzt. Der Zug mit dem Namen „Sapsan", dem russischen Wort für „Wanderfalke", wurde von Siemens auf Basis des deutschen ICE gebaut und legt in 4 Stunden die ca. 700km lange Strecke zurück, für die man früher die doppelte Zeit gebraucht hat.

Damit ist die Verbindung eine interessante Alternative zum Flugzeug. Auch wenn die reine Flugzeit nur eine gute Stunde beträgt, muss man die diversen Wartezeiten und auch die vor allem in Moskau erhebliche Entfernung des Flughafens zur Stadtmitte berücksichtigen. Außerdem spart man sich die Sicherheitskontrolle und die Gepäckaufgabe und –abholung.

Die erste Nacht in Moskau

Unvergesslich wird mir die erste Nacht in Moskau bleiben. Ich hatte mir ein Zimmer in dem großen SAS-Radisson-Hotel reserviert, bin relativ spät dort angekommen und nach einem Abendessen müde ins Bett gegangen. Nun haben Zimmer in internationalen Großhotels normalerweise einen mehr oder weniger standardisierten Grundriss – nach der Eingangstür geht es durch einen kleinen Korridor, von dem eine Tür seitlich ins Bad führt, ins eigentliche Zimmer. In diesem Hotel war aber zusätzlich zwischen dem Korridor und dem Zimmer noch eine zusätzliche Tür eingebaut.

Als ich irgendwann im Laufe der Nacht auf die Toilette musste und danach das Bad wieder verließ unterlief mir – etwas schlaftrunken - ein fataler Fehler. Ich wählte von beiden Türen die falsche und fand mich, nur mit einer Unterhose bekleidet, auf dem Flur des Hotels wieder. So richtig bewusst wurde mir das genau in dem Moment, in dem die Tür mit einem kleinen Klick ins Schloss fiel – also einen Augenblick zu spät. Schlagartig aus dem Halbschlaf erwacht dachte ich vergeblich darüber nach, wie ich aus dieser etwas eigenartigen Situation wohl wieder herausfinden würde. Auch nachdem ich mich vorsichtshalber erst einmal hinter einer größeren Topfpflanze in Deckung gebracht hatte fiel mir nichts Vernünftiges ein. Ich hätte natürlich zum Lift gehen, in die Lobby fahren und mir eine neue Schlüsselkarte geben lassen können, aber mein Outfit war für die Eingangshalle eines 4-Sterne-Hotels mit einer gut besuchten Hotelbar irgendwie unpassend.

Nach einer gefühlten Ewigkeit kam dann doch die Erlösung in Person von zwei Mitarbeitern des Sicherheitsdienstes des Hotels, die vermutlich über die Videoüberwachung auf meine prekäre Lage aufmerksam geworden waren. Ob sich vorher das gesamte Empfangs- und Sicherheitspersonal über mich lustig gemacht hatten und wieviele davon sich das Schmunzeln würden verkneifen müssen, wenn ich am nächsten Morgen an der Rezeption auftauchen würde, wollte ich mir erstmal nicht vorstellen. Aber auf jeden Fall war ich wieder in meinem Zimmer und konnte meinen Adrenalinspiegel langsam abbauen.

Der Verkehr in Moskau

Über den Verkehr in der Multimillionenstadt Moskau kann man locker ein Buch für sich schreiben.

Der Straßenverkehr ist ein Erlebnis für sich. Rund um die Uhr sind die Straßen überfüllt, egal ob man auf dem 8-spurigen Autobahnring, der mit einer Länge von mehr als 100 km die russische Hauptstadt umschließt, oder auf den Straßen in der Innenstadt fährt. Auch mit viel Mut lassen sich manche Straßen in der Stadt zu bestimmten Zeiten zu Fuß nicht überqueren. So habe ich mich einmal sogar mit dem Taxi von meinem Hotel an der Twerskaya-Einkaufsstraße zur anderen Straßenseite bringen lassen. Der Fahrer ist zur nächsten Kreuzung gefahren, konnte dort die Straße durch eine Unterführung unterqueren, um dann auf der Gegenfahrbahn zurückzufahren und mich gegenüber meinem Hotel wieder aussteigen zu lassen.

Eine russische Möglichkeit, das Verkehrsproblem zu umgehen, wenn man es eilig hat und einem ein schneller Transport einige Extra-Rubel wert ist, besteht darin, statt eines Taxis einen Krankenwagen zu rufen. Man kommt mit Blaulicht doch etwas schneller voran, und die Besatzung des Krankenwagens ist froh um einen kleinen Nebenverdienst. Die Polizei führt zwar, einem Bericht in der deutschen Presse zufolge, in letzter Zeit zunehmend Kontrollen von Krankenwagen durch. Ob dadurch diese „Sondernutzung" eingeschränkt wird oder ob auf diese Weise lediglich der „VIP-Transport" noch teurer wird und sich noch mehr Leute über ein kleines Trinkgeld freuen, wird man wohl keiner Statistik entnehmen können.

Die Alternative zum Auto ist die Metro, die wegen ihrer teils prachtvoll ausgestatteten Bahnhöfe weltbekannte Moskauer U-Bahn. Auf dem über 300 km umfassenden Schienennetz werden täglich bis zu 9 Millionen Fahrgäste befördert, wobei die Züge in der Hauptverkehrszeit trotz einer Zugfolge von

1,5 Minuten den Ansturm an Fahrgästen nur mühsam bewältigen können. Der eigentliche „Flaschenhals" des Metro-Systems sind nach meinem Eindruck jedoch weniger die Züge selbst sondern das dreidimensionale, unterirdische Labyrinth von Gängen und Rolltreppen, durch das man die bis zu knapp 100 m tief liegenden Bahnhöfe erreicht. Die Zeit, die man benötigt, um sich inmitten einer riesigen Menschentraube auf eine der Rolltreppen schieben und dann auf dieser - zwar mit deutlich höherer Geschwindigkeit als bei uns üblich, dafür aber auch über eine für Rolltreppen unwahrscheinlich lange Strecke von bis zu 125 m – nach unten und am Ziel wieder nach oben transportieren zu lassen, ist, zusammen mit den Wanderungen durch endlose unterirdische Gänge beim Umsteigen, vielfach länger als die eigentliche Fahrt mit der Metro selbst.

Mit einem deutschen Pass kostenlos U-Bahn fahren?

Eine Geschichte, die ich immer gerne erzähle, hängt mit der Moskauer Metro zusammen. Dazu muss man wissen, dass die Fahrkarten automatisch beim Zugang zu den Bahnhöfen überprüft werden. Man muss dazu seine Fahrkarte vor ein Lesegerät halten, das kontaktlos einen in das Ticket eingearbeiteten RFID-Chip erkennt, dessen Gültigkeit prüft, bei Mehrfahrten-Tickets die Anzahl der verbleibenden Fahrten um eins reduziert und ein Drehkreuz für den Zugang zur Station freigibt. Ich hatte üblicherweise meinen Reisepass griffbereit in der Brusttasche meines Hemdes und zweckmäßigerweise eine Mehrfahrten-Karte innen in der Schutzhülle des Passes. Ich brauchte also beim Zugang zur Metro nur meinen Pass aus der Tasche nehmen, kurz vor das Lesegerät halten, und schon wurde der Zugang freigegeben.

Bei einer Reise begleitete mich einmal ein Kollege aus Belgien, der vorher noch nie mit der Moskauer Metro gefahren war. Am Drehkreuz bat ich ihn, sich vor mir anzustellen und gab ihm den Weg frei, indem ich meinen Reisepass vor das Lesegerät hielt, ohne die darin versteckte Fahrkarte zu erwähnen. Auf seine erstaunte Reaktion hin habe ich ihm erklärt, dass alle Deutschen in Moskau kostenlos mit der Metro fahren könnten, sofern sie einen maschinenlesbaren Reisepass haben. Ich wüsste allerdings nicht, ob diese Regelung auch für belgische Bürger gelte. Bei der nächsten Fahrt hat er das gleich ausprobiert und musste natürlich feststellen, dass er als Belgier wohl nicht zu dem bevorzugten Personenkreis gehört. Er fuhr dann die weiteren Fahrten „auf meinen Reisepass" – nicht ohne schlechtes Gewissen, weil er sich doch irgendwie als Schwarzfahrer fühlte. Ich wollte nicht unfair sein, habe ihn am Ende der Reise aufgeklärt und hoffe, dass er als „Opfer" die Geschichte genauso amüsiert im Gedächtnis behält wie ich.

Sicherheit in Moskau

Die Frage, wie sicher man in einer Metropole wie Moskau ist, ist allgemein schwer zu beantworten. Für mich persönlich war es allerdings das einzige Mal in der Metro in Moskau, dass man mich im Ausland bestehlen wollte. Ich ließ mich gerade in einer Menschentraube in Richtung einer Rolltreppe schieben und hatte fast schon den Anfang der Rolltreppe erreicht als ich fühlte, wie jemand versuchte, mir meinen Geldbeutel aus der Gesäßtasche zu ziehen. Glücklicherweise ging der Geldbeutel nicht leicht heraus und ich habe es bemerkt. Die Masche ist offensichtlich, den Leuten genau in dem Moment, in dem sie die schnellfahrende Rolltreppe betreten, blitzartig etwas aus der Tasche zu ziehen. Selbst wenn man dann etwas bemerkt, hat man keine Chance, wieder umzukehren und den Dieb zu verfolgen, denn für die nachströmenden Fahrgäste und auch für die Rolltreppe gibt es nur eine Richtung. So kann der Dieb sich unbehelligt seitlich aus dem Staub machen.

Eine gewisse irrationale Bedrohung empfand ich allerdings aufgrund anderer Vorfälle. So gab es in den letzten Jahren zwei Bombenanschläge auf die Metro und einen im Ankunftsbereich des Flughafens Moskau-Domodedowo jeweils mit Todesopfern und Verletzten. Beide betroffenen Metrostrecken habe auch ich regelmäßig benutzt und in dem kleinen Café, in dem die Bombe in Domodedowo gezündet wurde, habe auch ich viele Male auf ankommende Kollegen gewartet oder mich selbst nach meiner Ankunft mit Abholern getroffen. Es sind, soweit ich mich erinnern kann, die einzigen Schauplätze derartiger Anschläge, an denen ich mich – wenn auch zu einer anderen Zeit – selbst regelmäßig aufgehalten habe. Sicher ist es objektiv wahrscheinlicher, einen 6-er im Lotto oder bei einer Fahrt auf einer deutschen Autobahn einen tödlichen Unfall zu haben, als genau zur falschen Zeit am falschen Ort zu sein, um einem Bombenanschlag zum Opfer zu fallen – aber derartige Vorfälle erzeugen doch ein anderes Gefühl, als wenn man im Fernsehen irgendwelche Berichte über derartige Ereignisse sieht, die irgendwo auf der Welt an Orten geschehen sind, zu denen man keinen persönlichen Bezug hat. Im Unterschied zu solchen Geschehnissen mit anonymen Betroffenen denkt man automatisch auch an konkrete Personen, die man kennt, wie z.B. den Kollegen, von dem man weiß, dass er jeden Morgen um die Zeit der Explosion mit genau dieser Metro fährt und von dem man dann glücklicherweise erfährt, dass er doch 10 Minuten vorher die betroffene Station passiert hat.

Einkaufszentren der Superlative

In Moskau findet man alle Arten von Einkaufsmöglichkeiten, die man sich vorstellen kann. Den kleinen Kiosk im Wohngebiet zur Nahversorgung mit Getränken und Zigaretten rund um die Uhr, kleine Lebensmittel-Selbstbedienungsgeschäfte, kleinere Markthallen in den Stadtteilen, größere Märkte für bestimmte Artikel, wie z.B. Möbel, aber auch Einkaufspassagen mit Einzelhandelsgeschäften und Supermärkten. Das berühmte, historische Kaufhaus GUM in der Nähe des Roten Platzes ist heute eine beeindruckende mehrstöckige Ladenpassage, in der sich ein exklusives Geschäft an das andere reiht.

Gigantisch und irgendwie sehenswert sind meiner Meinung nach aber die riesigen Shopping-Malls, die sich an den großen Ausfallstraßen oder dem Autobahnring angesiedelt haben. Dort sind zusammen mit einer großen Ladenpassage, in der Einzelhandelsgeschäfte, Restaurants und Freizeitattraktionen wie Kino oder Eislaufbahn zu finden sind, auch große internationale Handelshäuser wie IKEA, OBI oder auch METRO sowie XL-Supermärkte auf einem Gelände vereint. Die erforderliche Infrastruktur wie entsprechende Parkplätze und eine kostenlose Shuttle-Bus-Verbindung zur nächsten Metrostation erschließen diese Konsum-Tempel.

Wenn man die auch in Deutschland angesiedelten Märkte besucht, so fühlt man sich wie zu Hause. Bei IKEA gibt es dieselben Produkte, die Bezeichnung des Stuhls „Ivar" oder der Leuchte „Söder" wird lediglich mit kyrillischen Buchstaben geschrieben und die Preise in russischen Rubel angegeben – ansonsten ist der Katalog, wie übrigens auch der Grundriss des Hauses, mit dem der deutschen IKEA identisch. Bei den OBI-Baumärkten und der METRO verhält es sich nicht anders.

Spielkasinos – nicht nur zum Spielen

Nicht nur für mich ist der Besuch in einem der prachtvollen Spielkasinos in Moskau eine „Erinnerung an die Vergangenheit", sondern auch für alle anderen früheren Besucher aus Russland und dem Rest der Welt, denn zwischenzeitlich wurde der Betrieb von Kasinos in Russland verboten. Lediglich in vier Gebieten des riesigen Landes, nämlich am Schwarzen Meer bei Krasnodar, in Fernost bei Wladiwostok, im Altai-Gebirge und in der Enklave Kaliningrad an der Ostsee sollen nach dem Willen der Regierung nach Mitte 2009 noch Kasinobetriebe zugelassen sein.

Ich erinnere mich gerne zurück an einige Besuche z.B. im Kasino „Golden Rain", in dem den Gästen neben Glücksspielen auch ein sehr gutes Restaurant, eine Diskothek und ein Theater mit verschiedenen künstlerischen Vorstellungen geboten wurden. Kabarett-Auftritte wurden hier sogar vom Fernsehen mitgeschnitten und als „Comedy-Club"-Folgen ausgestrahlt. Beim Eintritt musste man zwar 100 USD in Jetons eintauschen, diese konnten jedoch nicht nur als Glücksspieleinsätze verwendet werden, sondern auch als Zahlungsmittel in Restaurants und Bars. Sofern noch Jetons übrig blieben konnte man sie auch wieder zurücktauschen. Gespielt hatte ich nicht ein einziges Mal, aber die Atmosphäre bei Besuchen mit Kollegen oder Geschäftspartnern durchaus genossen.

Die Entscheidung, dass derartige Kasinos nicht mehr betrieben werden dürfen finde ich schade, und es ist auch nicht unbedingt nachvollziehbar, was letztlich der Grund dafür war. Neben der naheliegenden Begründung, dass man der Spielsucht und den, vor allem mit den vielen kleineren reinen Glücksspiel-Etablissements zusammenhängenden Folgen wie Schattenwirtschaft und Kriminalität entgegenarbeiten möchte und bereit ist, dafür den Verlust von 100.000 Arbeitsplätzen alleine in Moskau in Kauf zu nehmen, sind auch völlig andere Gründe im Gespräch. Da viele der Kasinos von Georgiern betrieben wurden und Georgien wegen der politischen Konflikte um die Republik Abchasien in Ungnade gefallen ist, ist auch denkbar, dass man die Kasinos, wie auch z.B. alle georgischen Restaurants in Moskau, letztlich aus politischen Gründen geschlossen hat. Eine weitere Variante ist, dass man für die vier weit abgelegenen Kasino-Zonen eine

Art Konjunkturprogramm initiieren wollte – ein Plan, dessen Erfolg aber davon abhängt, inwieweit die großen Betreiber einen Sinn darin sehen, quasi am Ende der Welt größere Investitionen zu riskieren, wo doch äußerst zweifelhaft ist, dass genügend potenzielle Kunden bereit sind, diesen Weg mitzugehen. Wesentlich wahrscheinlicher dürfte hier sein, dass die Kasinobetreiber eher in das benachbarte Ausland, wie z.B. nach Minsk, abwandern.

Der goldene Ring

Der sogenannte Goldene Ring ist eine touristische Route im Nordosten Moskaus, auf der sich die sehenswerten historischen Städte Jaroslawl, Wladimir, Susdal, Uglitsch, Rostow Weliki, Sergijew Possad oder Pereslawl-Salesski wie Perlen auf einer Kette aufreihen.

Obwohl ich natürlich nicht als Tourist an einer der von viele Reisebüros angebotenen mehrtägigen Rundfahrten mit Besuch aller „Perlen" des Goldenen Rings teilnehmen konnte, wollte ich zumindest einige der Städte im Rahmen eines Tagesausflugs kennen lernen. So fuhr ich an einem Tag mit dem Zug nach Wladimir, der Partnerstadt von Erlangen, und besichtigte mit einem örtlichen Führer dessen Innenstadt und das in der Nähe gelegenen Klosterstädtchen Susdal. Vor allem das Städtchen Susdal, das wunderschön am Flüsschen Kamenka gelegen ist, hat mich wegen der historischen Gebäude und der umgebenden Landschaft begeistert. Die als älteste Stadt Russlands bezeichnete Ansiedlung aus dem 10. Jahrhundert war bereits in der Sowjetzeit ein touristisches Ziel, so dass auch die touristische Infrastruktur verhältnismäßig gut entwickelt und auf die Pauschalreise-Busse gut vorbereitet ist. Man besucht die Gebäude, Kirchen und das naheliegende Freilichtmuseum also schon mit einigen anderen Touristen aus aller Welt – man ist aber, sobald man etwas abseits von den Touristenwegen geht, praktisch alleine in einer Umgebung, die mehr wie ein gemaltes Bild eines Flusslaufes mit einem Kloster im Hintergrund aussieht und nicht wie ein Ort des 21. Jahrhunderts, nur gut 100 km entfernt von der umtriebigen 10-Millionen-Metropole Moskau. Ich habe Susdal als den ruhigsten und beschaulichsten Ort in Erinnerung, den ich in Russland je besucht habe.

Wesentlich mehr Betrieb herrschte während meines Besuches im Kloster Sergijew Possad, das um einiges näher an Moskau liegt und für viele – auch einheimische – Besucher ein Ausflugsort und vielleicht auch ein persönlicher Wallfahrtsort ist. Man kann dort – zweckmäßigerweise direkt am Bahnhof – die große Klosteranlage besuchen, in der neben der Dreifaltigkeitskathedrale, die zum UNESCO-Weltkulturerbe gehört, noch 12 weitere Kirchen und zahlreiche Nebengebäude, wie die Zarengemächer, ein Refektorium und auch das Grab des Großfürsten Boris Godunow, zu besichtigen sind.

Winter in Wolokolamsk

Ich habe einen sehr guten und langjährigen Freund, den ich schon seit meiner Schulzeit kenne und dessen Humor mit meinem auf einer Wellenlänge liegt. Während unserer Schulzeit hatten wir uns einmal zusammengesetzt, um der damaligen Freundin meines Freundes einen lustigen und aufmunternden Brief zu schreiben. Sie war zu der Zeit für einige Wochen in Israel an einem Ort, den kein Mensch kennt, und wir wollten dem auch für uns ein potenzielles Reiseziel entgegensetzen, das ebenfalls kein Mensch kennt. Wir haben also in unserem Schulatlas die Europakarte aufgeschlagen, einer von uns hat die Augen geschlossen und mit seinem Finger auf irgendeinen Punkt auf der Karte gezeigt. Der Finger zeigte auf eine Stadt etwas nordöstlich von Moskau mit dem Namen Wolokolamsk, und diesen Ortsnamen verwendeten wir in unserem Brief.

Viele Jahre später: Ein Geschäftsfreund in Moskau schlug mir während eines Aufenthalts im Januar vor, über das Wochenende zusammen in ein Hotel außerhalb von Moskau zu fahren und so dem grauen und matschigen Winter in Moskau für zwei Tage zu entkommen. Wir verließen Moskau also in nordwestlicher Richtung und kamen nach einiger

Zeit in eine Stadt, deren Namen ich auf dem kyrillisch geschriebenen Ortsschild als „Wolokolamsk" entzifferte. Bei dieser Gelegenheit stellte sich für mich dann schon ernsthaft die Frage, wieviel Zufall denn wirklich Zufall sein kann.

Nach einem Beweisfoto fuhren wir dann noch einige Kilometer weiter und erreichten die in einer traumhaft verschneiten Landschaft gelegene Hotelanlage. Wir hatten das Glück, ein herrliches Wetter zu haben, der stahlblaue Himmel war wolkenlos, der Schnee knirschte bei jedem Schritt – aber es war auch saukalt. An diesem Wochenende in der endlos weiten und ebenen Waldlandschaft Russlands habe ich mit einer Tages"höchst"temperatur von unter minus 30 Grad, einer Temperatur, bei der die Nasentropfen bereits gefrieren, bevor sie die Nase verlassen, und bei der das direkte Einatmen anfängt schmerzhaft zu sein, meinen persönlichen Kälte-Rekord aufgestellt.

Sotchi vor der olympischen Zeit

Die Olympiastadt Sotchi am Schwarzen Meer dürfte inzwischen allgemein bekannt sein. Zu der Zeit, in der gerade erst die Bewerbung um die Vergabe der olympischen Winterspiele lief und in der durchaus zweifelhaft war, ob die Spiele an die nicht gerade als Hochburg des Wintersports berühmte Region gehen sollten, hatte ich die Gelegenheit, mir die „vorolympische" Umgebung von Sotchi etwas anzusehen.

Zunächst ist es interessant sich zu vergegenwärtigen, dass das Gebiet um Sotchi mit den westlichen Ausläufern des Kaukasus das einzige Hochgebirge Russlands ist – mit Ausnahme vielleicht der ganz im Nordosten gelegenen vulkanischen Gebirge auf der Halbinsel Kamtschatka. Alle anderen Gebirge in Russland sind eher Mittelgebirge wie z.B. der Ural; die Hochgebirgsregionen der früheren UdSSR liegen heute in den Nachfolgestaaten wie Tadschikistan, Kirgistan, Kasachstan u.a. und somit aus russischer Sicht im Ausland. Daher ist die Region am Schwarzen Meer mit dem Angebot, gleichzeitig Urlaub am Meer und in den Bergen machen zu können, ein bei Russen sehr beliebtes Urlaubsziel, wenn auch in den letzten Jahren die Möglichkeit, visumfrei und zu vernünftigen Preisen in Länder wie Ägypten, die Türkei oder auch Thailand reisen zu können, die Nachfrage in der Region geschwächt haben dürfte.

So sind Sotchi und die benachbarten Orte an der Küste im wesentlichen Badeorte, von wo aus Ausflugsfahrten jeder Art in das landschaftlich sehr schöne Hinterland mit Bergen über 3.300m Höhe angeboten werden. Ich konnte während meines Aufenthaltes das Gebiet um das Bergdorf „Krasnaja Poljana" besuchen, was mir die Möglichkeit gab, die Landschaft, aber auch die Infrastruktur, in einem unberührten Zustand zu sehen wie es nach dem, mit einem gigantischen Aufwand und gewaltigen Eingriffen in die Natur durchgeführten Umbau zu einem olympischen Wintersportzentrum wohl nie mehr möglich sein wird.

So bin ich mit dem einzigen Sessellift, den es vor Olympia dort gab, auf einen Berg gefahren, von wo aus man einen beeindruckenden Blick auf das Gebirge des westlichen Kaukasus genießen konnte. Nicht minder beeindruckend waren jedoch auch die Ausführung und der technische Zustand des Sessellifts selbst, der jedem deutschen TÜV-Prüfer vermutlich die Tränen in die Augen getrieben hätte. Der Sessel hätte eher zu einem Kinderkarussell gepasst als zu einem alpinen Beförderungsmittel, das über schwindelerregend tiefe Schluchten führt. Ein Sitz mit einer eingehängten Sicherungskette, keine Fußstützen und eine wenig vertrauenswürdige Aufhängung – aber letztlich kam ich gut oben und dann wieder unten an und hatte ein Erlebnis, an das ich jedes Mal erinnert wurde, wenn ich in einer Olympia-Berichterstattung Bilder von dem hochmodernen Wintersportgebiet gesehen habe.

Jekaterinburg
– die letzte Station des letzten Zaren

Einmal führte mich mein Weg von Moskau aus auch für einen Tag in den asiatischen Teil von Russland, in die im Ural gelegene Industriestadt Jekaterinburg. Bekannt ist die Stadt in erster Linie dadurch, dass hier der letzte russische Zar Nikolaus II. und seine Familie im Juli 1918 ermordet wurden.

Für ein Kennenlernen der Stadt war mein Aufenthalt zu kurz. Dennoch haben unsere Gastgeber in der Mittagspause die Zeit gefunden, mit uns zu der Stelle zu fahren, an der früher das sogenannte Ipatjew-Haus stand, in dem die Zarenfamilie zuletzt unter Arrest gehalten und schließlich ermordet wurde. Dort befindet sich heute die bekannte Kathedrale „auf dem Blut", die als wichtigste Sehenswürdigkeit der Stadt gilt.

Die Geschicke der Stadt sind auch verbunden mit dem Wirken von Boris Jelzin, der hier studiert und lokale politische Ämter bekleidet hat, bevor er nach Moskau wechselte und 1991 zum ersten Präsidenten Russlands gewählt wurde.

Rumänien

Im osteuropäischen Rumänien habe ich, von einem kurzen Transitaufenthalt am Flughafen von Sibiu abgesehen, zweimal die Hauptstadt Bukarest besucht. Zwischen den beiden Besuchen lagen mehr als 10 Jahre, und ich hatte den Eindruck, in verschiedenen Städten zu sein.

Bukarest – 1. Teil

Das erste Mal flog ich Anfang der 90er Jahre, somit kurz nach dem Ende des Ceaușescu-Regimes, nach Bukarest. Mich begleitete damals ein in Deutschland lebender rumänischer Kollege, der über seine Kontakte in Rumänien die Reise organisiert und unsere Gesprächstermine vereinbart hatte.

Er hatte für uns im, nach dem Interkontinental-Hotel, zweiten Haus am Platz, dem Hotel „Pallas Athena", Zimmer reserviert und damit einen für mich unvergesslichen Hotelaufenthalt vorbereitet. Das eigentlich relativ große, aber nur gering belegte Hotel hatte eindeutig schon bessere Zeiten erlebt, die allerdings schon viele Jahre zurückgelegen haben dürften. Die Ausstattung mit dunkelroten Teppichböden, schweren Samtvorhängen und einer recht schwachen Beleuchtung gab dem ganzen Gebäude einen Charme, den ich als Mischung aus vergangenem Luxus und Trostlosigkeit beschreiben möchte.

Unser erstes Gespräch mit dem lokalen Partner meines Kollegen fand gleich nach unserer Ankunft in meinem Hotelzimmer statt, und bereits dabei wurde mir klar, in welch einer anderen Welt ich mich hier befinde. Das erste, was unser lokaler Partner tat, als er mein Zimmer betreten hatte, war, den Fernsehapparat einzuschalten und im Badezimmer den Wasserhahn aufzudrehen. Auf meine erstaunte Reaktion hin signalisierte er mir, dass er es damit den Leuten, die uns möglicherweise abhören würden, unmöglich mache, unser Gespräch zu verstehen. Ich fühlte mich schlagartig in einen James-Bond-Film versetzt und fragte mich, ob ich wirklich das Ziel einer Abhöraktion sein könne, oder ob die Vorsicht unseres Besuchers nur eine Gewohnheit war, die er beim Leben im Land unter Ceaușescu und der Schreckensherrschaft seiner Geheimpolizei Securitate anerzogen bekommen hatte.

Für uns und drei unserer Gesprächspartner war ein gemeinsames Abendessen im Restaurant des Hotels organisiert. Es war ein Tisch im großen Saal reserviert – einem Saal, der bestimmt weit über hundert Plätze an elegant eingedeckten Tischen bot, und dessen prunkvolle Ausstattung eher an den Bankettsaal auf einem Schloss erinnerte als an ein Restaurant. Auf einer Bühne unterhielt ein Zigeunerorchester mit einem Stehgeiger die Gäste mit schöner, abwechslungsreicher Musik, so dass der Rahmen für das mehrgängige und vorzügliche Abendmenue an sich sehr stimmungsvoll und authentisch war. Einziges Kuriosum war lediglich, dass die 6 Personen unserer Gruppe die einzigen Gäste waren.

Am nächsten Morgen schlug die Unzulänglichkeit des Hotels allerdings wieder erbarmungslos zu. Als ich das Badezimmer betrat musste ich zuerst feststellen, dass der große Spiegel den Zweck, den er eigentlich hat, nicht erfüllen konnte – er war so blind, dass ich mich nur schemenhaft darin erkennen konnte. Auch kam aus dem Wasserhahn nicht etwa nur kein warmes Wasser – wie es mir in manchen Hotels schon gelegentlich passiert war – sondern überhaupt kein Wasser. Vielleicht hatten zu viele Leute das zur Verfügung stehende Wasser schon zur Vereitelung von Abhörversuchen aufgebraucht. Auf jeden Fall war ich froh, dass ich hier nur eine Nacht bleiben musste, und bestieg am nächsten Nachmittag zufrieden das Flugzeug nach Deutschland – im Gepäck eine Menge Eindrücke aus einem Land, wie ich es vorher noch nicht kennengelernt hatte.

Bukarest – 2. Teil

Bei meiner zweiten Reise nach Bukarest mehr als 10 Jahre später übernachtete ich wieder in diesem Haus. Aus dem heruntergekommenen Hotel von einst war zwischenzeitlich das „Athenee Palace Hilton Bucharest" geworden, ein 5-Sterne Hotel, in dem es ein Vergnügen war zu wohnen. Außer einigen Details, an denen der Gast von früher erkennen konnte, dass es sich nach wie vor um dasselbe Gebäude handelt, hatte sich alles komplett verändert – genauso wie die Stadt Bukarest nicht mehr mit dem Bukarest des letzten Jahrhunderts verglichen werden konnte.

Aus dem Ziel einer etwas abenteuerlichen Reise war eine „ganz normale" europäische Großstadt geworden – zumindest nach dem Eindruck, den man während eines 2-Tage-Besuches bekommen kann. Die junge Generation wächst sicher in einer ganz anderen Umgebung auf; ob die Älteren sich inzwischen abgewöhnt haben, bei privaten Gesprächen den Fernseher anzuschalten und das Wasser aufzudrehen, ist nur schwer zu beurteilen. Vor dem Hintergrund der aktuellen Diskussionen über Geheimdienstaktivitäten in Europa und Amerika muss man sich allerdings schon auch die Frage stellen, ob das alt-rumänische Verständnis von Datenschutz nicht doch manchmal angebrachter wäre als die Blauäugigkeit, mit der vor allem die jüngere Generation mit ihren persönlichen Daten umgeht.

Spargel ist nicht jedermanns Sache

Im Zusammenhang mit Rumänien erinnere mich auch noch gut an eine Begebenheit in Deutschland. Im Rahmen des Besuchs einer rumänischen Delegation übernahm ich die Aufgabe, unseren Besuchern die Sehenswürdigkeiten von Nürnberg zu zeigen und dann mit der Gruppe zum Abendessen zu gehen. Ich wählte dafür ein gutes Restaurant in der Altstadt und erzählte meinen Gästen auch, dass in Franken zu dieser Jahreszeit „Spargelzeit" sei – die Zeit, in der sich die Restaurants gegenseitig damit überbieten, dieses fränkische Kult-Gemüse in den unterschiedlichsten Variationen aufzutischen. Von einfachem Spargel mit Buttersauce über Spargel mit Schinken bis hin zu Spargel mit Bratwürsten oder Steak bieten die „Spargelkarten" in vielen Restaurants eine beeindruckende Vielfalt.

So bestellten auch meine rumänischen Gäste aus diesem Angebot und ich freute mich, ihnen etwas Regionaltypisches bieten zu können. Die Ernüchterung folgte jedoch nach dem Servieren der Gerichte. Jeder hat das gegessen, was er zum Spargel hinzubestellt hatte – der Spargel blieb jedoch unangetastet. Die Bedienungen brachten es fast nicht übers Herz, die Teller abzutragen, und sahen mich mit großem Unverständnis an, einem Blick, den ich nur – etwas peinlich berührt - mit der Versicherung erwidern konnte, dass mir der Spargel ausgezeichnet geschmeckt, und der „Spargelstreik" sicher nichts mit mangelnder Leistung der Küche zu tun habe.

Polen

Unser östliches Nachbarland Polen besuchte ich nur einmal Mitte der 90er Jahre geschäftlich. Zusammen mit zwei Kollegen war ich in den Städten Kattowitz und Krakau, der Partnerstadt Nürnbergs.

Suchbild

Aus manchen Zeitschriften kennt man von der Rätselseite Suchbilder, auf denen man herausfinden soll, welches Detail denn in einem Foto nicht richtig sein kann oder einfach nicht in das dargestellte Motiv passt.

Genau an ein derartiges Rätsel wurde ich erinnert, als ich durch die Innenstadt von Krakau ging. Inmitten des polnischen Stadtbildes fuhr an mir plötzlich eine original Nürnberger Straßenbahn vorbei. Ich habe mich zwar erinnert, dass die Stadt Nürnberg einige durch neuere Fahrzeuge ersetzte Straßenbahnzüge ihrer Partnerstadt Krakau geschenkt hatte, wobei ich allerdings nicht damit gerechnet habe, dass diese Züge völlig unverändert durch die Straßen Krakaus fahren würden. An den Außenseiten waren große Werbeaufschriften eines Nürnberger Bekleidungshauses angebracht und auch die für den normalen Krakauer Einwohner eher unverständlichen deutschsprachigen Hinweise an den Eingangstüren, z.B., dass es Fahrkarten nur beim Fahrer zu kaufen gäbe, waren in der ursprünglichen Form vorhanden und auch nicht durch polnische Aufschriften ergänzt. Wenn ich den Straßenbahnzug fotografiert und in Nürnberg gezeigt hätte, wäre jeder wohl zunächst davon ausgegangen, eine gelungene Fotomontage vor sich zu haben.

Ein deutscher Tourist in Not?

Am nächsten Abend hatten wir ein eigenartiges Erlebnis. Wir saßen zu dritt vor einer Pizzeria in der Innenstadt von Kattowitz und aßen gemütlich zu Abend, als wir von einem Mann auf Deutsch angesprochen wurden. Er erzählte uns eine ergreifende Geschichte, dass er aus Berlin stamme und mit seiner Familie auf der Rückreise nach Deutschland sei. Unweit von Kattowitz habe man ihnen an einer Autobahn-Raststätte ihr Auto gestohlen, und sie hätten nun kein Geld, um mit dem Zug nach Hause zu fahren. Die Botschaft habe schon geschlossen, von dieser Seite könne er also keine Hilfe erwarten, so dass er uns als Landsleute darum bat, ihm das Geld zu leihen, das er für die Fahrkarten für sich und seine Familie nach Berlin bräuchte. Selbstverständlich würde er uns das Geld unmittelbar nach seiner Rückkehr zurücküberweisen.

In dieser Situation war es schwer für uns zu entscheiden, was wir tun sollten. Die Geschichte klang eigentlich relativ glaubhaft – es soll ja tatsächlich schon vorgekommen sein, dass in Polen deutsche Autos gestohlen wurden – aber andererseits waren wir schon skeptisch. Sollten wir uns nun weigern, einem deutschen Touristen in Not zu helfen? Einer von uns hatte dann die geniale Idee, wie wir die ehrlichen Absichten unseres Bittstellers prüfen können und uns nicht mit dem schlechten Gewissen belasten müssten, ihn im Regen stehen gelassen zu haben. Wir würden ihm kein Geld geben, würden uns aber mit ihm und seiner Familie am Bahnhof treffen und für sie die Fahrkarten kaufen. Wir vereinbarten eine Uhrzeit und einen Treffpunkt am Bahnhof. Wir waren dort, jedoch keine deutsche Familie mit dem Wunsch, nach Berlin zu fahren.

Offensichtlich haben wir uns doch Geld gespart, das wir wohl nicht mehr gesehen hätten – aber wir blieben zurück mit einem Gefühl von Wut und Traurigkeit darüber, dass Deutsche in Polen nicht nur aufpassen müssen, nicht von polnischen Kriminellen bestohlen zu werden, sondern sich sogar vor eigenen Landsleuten in acht nehmen müssen.

Österreich

Nicht, dass ich an Österreich keine Erinnerungen hätte, nur würden sie zum einen den Rahmen dieses Buches sprengen und hätten wohl auch nur einen geringen Informations- und Unterhaltungswert. Wenn ich zurückdenke, habe ich mindestens ein Jahr, wenn nicht sogar zwei oder noch mehr, in Österreich verbracht. Geschäftliche Aufenthalte haben dazu nur wenig beigetragen und sich praktisch nur auf zahlreiche Transitaufenthalte auf dem Wiener Flughafen und die eine oder andere Besprechung in Wien beschränkt – schließlich ist Wien gerade für Geschäftsbeziehungen mit und Reisen in die Länder Osteuropas ein wichtiger Knotenpunkt.

Der wesentliche Teil meiner Aufenthalte in Österreich waren Urlaubsreisen. Angefangen mit den ersten Reisen mit meinen Eltern in meiner Kindheit und Jugendzeit folgten zahlreiche Fahrten mit Freunden und mit meiner Familie im Laufe der Jahre, sei es zum Bergwandern, zum Skifahren oder einfach zum entspannenden Familienurlaub mit dem Wohnmobil am Walchsee oder anderen schönen Orten der Alpenrepublik.

Wenn ich spontan die Erlebnisse nennen müsste, die sich am tiefsten in meiner Erinnerung eingeprägt haben, dann wären dies einige Bergtouren, einige wenige Male auch in Verbindung mit einer Hüttenübernachtung in den Zillertaler Alpen und im Kaisergebirge. Der Sonnenuntergang, auf der Terrasse einer Berghütte erlebt, oder das Gefühl, morgens inmitten der Hochgebirgslandschaft zu erwachen und mit den ersten Sonnenstrahlen zu einer Gipfelbesteigung aufzubrechen, während die Orte im Tal noch in nächtlicher Dunkelheit ruhen, gehören für mich zu den nachhaltigsten Eindrücken, die ich mir denken kann.

Norwegen

Norwegen ist für mich ein absoluter Favorit unter den Urlaubszielen. Neben zwei kürzeren Dienstreisen nach Oslo habe ich auf insgesamt sechs Reisen das gesamte Land erlebt. Als Student mit dem VW-Bus in den 80er Jahren, später mit dem PKW, dem Wohnmobil und schließlich, als meine Mobilität zunehmend eingeschränkt war, komfortabel mit dem Hurtigruten-Schiff.

Die imposante Fjord- und Fjell-Landschaft Süd-Norwegens, die in Richtung Norden immer mehr in die unendliche Weite Lapplands übergeht, übt auf mich eine unvergleichliche Faszination aus, die ich so in keinem anderen Land erlebt habe.

Als Student in Norwegen

Den ersten Kontakt mit Norwegen hatte ich, als ich während meines Studiums mit einem Freund in dessen VW-Bus eine siebenwöchige Skandinavien-Rundreise unternommen habe. Wir fuhren mit der Nachtfähre von Kiel nach Oslo und lernten an Bord des norwegischen Fährschiffs bereits die Köstlichkeiten der lokalen Küche in Form eines skandinavischen Buffets kennen – aber auch das norwegische Preisniveau. Unsere Reise führte uns zunächst durch das Fjordland Westnorwegens und dann immer weiter nördlich, über den Polarkreis schließlich zum Nordkap und noch weiter bis zum „Ende der Welt" an der russischen Grenze. Diese hatte zu dieser Zeit im „kalten Krieg" für mich noch etwas viel Bedrohlicheres an sich als heute, wo sich zum einen die politische Situation grundlegend geändert hat, und für mich selbst Reisen nach Russland inzwischen zur Selbstverständlichkeit geworden sind. Aber damals war – auch wenn die Ruhe und Unberührtheit der Natur leicht darüber hinwegtäuschen konnte – dieser letzte Winkel Europas die einzige Nato-Außengrenze direkt zu Russland und somit strategisch ein sehr sensibles Gebiet.

Auch organisatorisch war diese Reise für mich eine ganz neue Erfahrung. Norwegische Kronen haben wir uns damals vom Postsparbuch abgehoben und die Stempel möglichst exotischer Postämter, wie Hüttenstempel bei Bergwanderungen, als Trophäen gesammelt. Geldautomaten, an denen man sich mit der deutschen Scheckkarte einfach Bargeld auszahlen lassen konnte, gab es natürlich damals noch nicht – ebenso wenig wie Kreditkarten als an jeder Ecke akzeptierte Zahlungsmittel. Auch aus einem anderen Grund fühlte man sich zu dieser Zeit viel weiter weg als heute – wir haben damals einige wenige Male während unserer Reise von einem Postamt zuhause angerufen und uns dabei aus Kostengründen möglichst kurz gefasst. Mobiltelefone gab es damals noch nicht in der Form wie heute, somit erst recht kein Roaming und damit die Möglichkeit, nicht nur telefonisch sondern auch über E-Mail, what's-app usw. wie selbstverständlich mit Deutschland in Kontakt zu bleiben. Manchmal hatten wir Glück und haben in einem Kiosk eine „Süddeutsche Zeitung" gefunden, die noch nicht zu alt war, und konnten uns auf diese Weise halbwegs auf dem Laufenden halten. Bei den letzten Reisen konnte ich mir dagegen ganz selbstverständlich die neueste Ausgabe der „Nürnberger Nachrichten" oder aller möglichen anderen Zeitschriften als e-paper auf mein Smartphone laden.

Mir sind natürlich sehr viele Eindrücke von dieser Reise in Erinnerung – ein besonderes Erlebnis war der Besuch des Brauereiausschanks der nördlichsten Brauerei der Welt, der Mack-Brauerei in Tromsö. Viele Touristen schienen den Weg hierhin nicht zu finden – der überwiegende Teil der Besucher waren wohl eher Seeleute aus dem nahen Hafen. Es war ein interessanter Platz, um Leute zu beobachten. Als wir aber das zweite „Starkbier" – vom Alkoholgehalt entsprechend unserem normalen Hellen, denn das normale Bier in Norwegen ist eher vergleichbar mit unserem Leichtbier – bestellt haben, haben wir uns dadurch doch irgendwie geoutet, denn der junge Norweger hinter der Theke sprach uns direkt mit der Frage an „are you Bavarians?"

Meine letzte Wanderung

Auf meiner vorletzten Reise nach Norwegen im Jahre 2013 – mein erster Rollstuhl war für alle Fälle schon im Kofferraum unseres Mietwagens – unternahm ich meine letzte Aktivität, die die Bezeichnung „Wanderung" verdient.

Bei schönem Wetter fuhren wir zum Parkplatz, von dem man zum Nigardsbreen, einer Gletscherzungen des Jostedalsbreen, wandern kann. Das erste Teilstück überbrückt man am besten mit einem kleinen Boot, das in einem Pendelverkehr die Besucher über den Gletschersee transportiert. Anschließend sind wir etwas mehr als eine Stunde über ausgewaschene Felsen soweit in Richtung Gletscherkante aufgestiegen, wie das gefahrlos möglich war, und haben von dort den Blick auf den nahe vor uns aufragenden Gletscher inmitten der fantastischen Bergwelt Norwegens genossen. Nach der Rückkehr zu unserem Auto habe ich allerdings schon deutlich die Müdigkeit und Schwäche in den Beinen gespürt und war doch froh, dass ich ohne größere Probleme diese Herausforderung noch bewältigen konnte. Dieser Weg wird mir jedoch immer in Erinnerung bleiben, und daher kann ich sagen: „es hat sich gelohnt".

Alternative Reise mit der Hurtigrute

Nachdem es aber für mich immer schwieriger wurde, eine normale Reise auf zwei Beinen zu unternehmen, haben wir uns dafür entschieden, die norwegische Küste nochmals mit dem Postschiff, der sogenannten Hurtigrute, zu besuchen. Diese Art der Reise bietet, neben dem prinzipiell anderen Blickwinkel einer Schiffsreise, noch den Vorteil, dass man praktisch ein Zimmer hat, mit dem man hunderte Kilometer durch die Welt fahren kann, ohne auch nur einmal umzuziehen. Gerade wenn man mit Rollstuhl, Beatmungsgerät und einem Vorrat an künstlicher Nahrung im Gepäck reisen muss, erleichtert dies die Organisation natürlich gewaltig.

Wenn man die An- und Abreise gut organisiert, was natürlich mit Rollstuhl etwas aufwändiger, aber dank des speziellen Services der Fluggesellschaften problemlos möglich ist, kann man die 11-tägige Schiffsreise im Rahmen seiner Möglichkeiten unbeschwert erleben. Infolge der guten Ausrüstung des Schiffes und der behindertengerechten Kabine

– ausgestattet sogar mit einem elektrisch verstellbaren Pflegebett - waren die einzigen Einschränkungen für mich, dass ich an nur wenigen der angebotenen Aktivitäten an Land teilnehmen konnte und natürlich auch, dass ich das vorzügliche Menü am Schiff, von dem die Gäste üblicherweise im Laufe der Reise eher ein paar Kilo zunehmen, nur bedingt genießen konnte. Aber auch für meine besonderen Bedürfnisse hatte das Service-Personal an Bord stets ein offenes Ohr und organisierte z.B. bei dem Aufenthalt in Tromsö problemlos ein Rollstuhltaxi, so dass ich doch an einem stimmungsvollen Mitternachtskonzert in der Eismeerkathedrale teilnehmen konnte.

Aber selbst mit den gegebenen Einschränkungen war diese Reise eine sehr gute Möglichkeit, mein bevorzugtes Reiseziel überhaupt noch einmal besuchen zu können, und wurde für mich auch zur bleibenden Erinnerung.

Niederlande

Die Niederlande habe ich lediglich einmal geschäftlich besucht und dort mit einer Delegation den Flughafen in Amsterdam besichtigt. Es war nur ein kurzer Aufenthalt ohne besondere Erlebnisse, über die ich an dieser Stelle berichten könnte.

„Molwanien"

Im Rahmen meiner Reise durch den Teil der Welt, den ich im Laufe meines Lebens besucht habe, möchte ich auch zwei Geschichten erzählen, die ich allerdings soweit verfremdet habe, dass die beteiligten Personen keine Probleme bekommen, wenn zufällig die falschen Leute diese Berichte lesen sollten. Ich habe die Handlungen daher in das fiktive Land Molwanien mit seiner Hauptstadt Lutenblag verlegt, das in dem Reiseführer „Molwanien – Land des schadhaften Lächelns" auf geniale Weise beschrieben ist. Wer diesen Spiegel-Bestseller nicht kennt, dem empfehle ich unbedingt, einmal auf der Seite www.molwanien.de vorbeizusurfen.

Kerkaporta – die vergessene Tür

Stefan Zweig hat in seinem Buch „Sternstunden der Menschheit", das wir in der Schule als Lektüre verwendet hatten, die Geschichte der Einnahme von Konstantinopel im 15. Jahrhundert beschrieben. Bei der Eroberung spielte es eine entscheidende Rolle, dass es in der Stadtmauer eine kleine Tür gab, die von den Verteidigern nicht beachtet wurde, und durch die die angreifenden Soldaten unbemerkt in die Stadt eindringen konnten.

Wir hatten am Flughafen Gespräche mit der für den Ausbau zuständigen Abteilung. Am Morgen wurden wir vor dem Flughafengelände von einem Flughafenmitarbeiter erwartet, uns wurden Besucherausweise ausgestellt, unsere Taschen durchleuchtet, und wir konnten nach einer Kontrolle durch Sicherheitspersonal den Flughafeninnenbereich betreten, in dem sich auch unser Besprechungszimmer befand. Um die Mittagszeit entschieden wir uns, ein kleines Restaurant außerhalb des Flughafens zu besuchen. Wir folgten unserem Gastgeber in der Annahme, er würde uns wieder zu dem Kontrollgebäude führen, durch das wir am Morgen den Flughafen betreten hatten. Zu unserer Überraschung schlug er jedoch einen anderen Weg ein, sperrte eine Tür auf und … wir standen außerhalb des Flughafens und gingen zum Mittagessen. Nach unserer Pause kehrten wir auf demselben Weg, wieder ohne jegliche Kontrolle, in unser Besprechungszimmer zurück und setzten unsere Arbeit fort, um am Abend den Flughafen wieder auf dem offiziellen Weg zu verlassen, unsere Besucherausweise zurückzugeben und den Arbeitstag zu beenden.

Damals dachte ich an die Geschichte aus meiner Schulzeit und machte mir typisch „deutsche" Gedanken, wie durch eine derartige nicht überwachte Tür das Sicherheitskonzept des Flughafens ad absurdum geführt werde, und welche Gefahr, z.B. bei einem Verlust des Schlüssels, gezielter Sabotage und anderer Szenarien, dieser Hintereingang letztlich für den Flughafen bedeuten kann. Andererseits konnte ich aber auch eine gewisse Zufriedenheit darüber empfinden, dass wir offensichtlich ein recht hohes Vertrauen bei unserem Gastgeber genossen.

Folgen der Dummheit

In einer Elektrostation am Anfang der Landebahn, von der aus die Steuerung der Anflugbefeuerung erfolgt, wollte ein lokaler Angestellter eines Abends sein Abendessen erwärmen und steckte seine mitgebrachte Kochplatte ausgerechnet in eine dafür absolut nicht ausgelegte Steckdose in dem Steuerschrank. Die Sicherung löste aus und setzte die Anflugbefeuerung kurzzeitig außer Betrieb, bis das aus Sicherheitsgründen vorgesehene Ersatzsystem die Steuerung übernahm.

Dieser Zwischenfall wäre vermutlich unbemerkt geblieben, wenn nicht ausgerechnet in diesem Moment die Maschine des Präsidenten im Landeanflug gewesen wäre und der Pilot, irritiert durch den plötzlichen Ausfall der Befeuerung, das Flugzeug durchgestartet hätte. In der Annahme, dass es sich um Sabotage oder einen Angriff auf den Präsidenten handelte, umstellte der Sicherheitsdienst die Station und verständigte unseren Bauleiter, der die Situation untersuchen und den sicheren Betrieb der Station wiederherstellen sollte. Er erkannte natürlich die Ursache des Problems, wollte den Angestellten aber die sicher nicht angenehmen

Folgen ersparen und machte einen technischen Defekt offiziell für den Ausfall verantwortlich. Die Konsequenz für ihn war dann jedoch die Verpflichtung, in der nächsten Zeit jedes Mal, wenn ein Präsidentenflug anstand, in Begleitung des Sicherheitsdienstes persönlich in der Station anwesend zu sein und selbst für die sichere Funktion der Anlage einzustehen.

Moldawien – Republik Moldau

Moldawien ist ein Land, das ich über viele Jahre relativ oft und immer gerne besucht habe. Umgeben von Rumänien und der Ukraine ist auch Moldawien eine ehemalige sozialistische Sowjetrepublik und erst seit 1991 ein selbständiger Staat. Vielen dürfte dieses Land, das gerade einmal die Fläche von Baden-Württemberg erreicht, vermutlich ziemlich unbekannt sein, wenn man nicht gerade an den Eurovision-Song-Contest denkt, an dem Moldawien teilnimmt. Moldawien orientiert sich in Richtung EU und hat einige Abkommen geschlossen, die den Handel vereinfacht und auch die Einreise ohne Visum ermöglicht haben.

Transnistrien – ein weißer Fleck auf meiner Karte

An sich steht Moldawien nicht gerade im Brennpunkt der Weltpolitik, allerdings sollte man die Brisanz des seit vielen Jahren schwelenden Konflikts um die abtrünnige Provinz Transnistrien nicht unterschätzen. In Transnistrien hat sich eine eigenständige Regierung gebildet, so dass dieses Gebiet nicht unter Kontrolle der Regierung und Verwaltung in Chişinău, der Hauptstadt Moldawiens, steht. Selbst das deutsche Auswärtige Amt weist in seinen Länderinformationen darauf hin, dass die Betreuung von deutschen Bürgern in diesem Gebiet durch die Botschaft in Chişinău nicht möglich sei. Letztlich ist auch dieser Konflikt ein Problem zwischen Russland und dem Westen; so wurde Transnistrien auch wiederholt neben Abchasien im Zusammenhang mit den Auseinandersetzungen in der Ukraine und auf der Krim genannt.

Mit dem Leiter der Niederlassung unserer Firma in Chişinău hatte ich jedoch geplant, Transnistrien und dessen Hauptstadt Tiraspol zu besuchen, um dort auch über Geschäftsmöglichkeiten zu sprechen. Leider konnten wir unseren Plan nicht mehr in die Tat umsetzen, so dass Transnistrien einer der ganz wenigen weißen Flecken auf der Karte meiner Ziele in der ehemaligen Sowjetunion bleibt.

Milesti Mici – die unterirdische Weinfabrik

Zu Sowjetzeiten hatten sich die einzelnen Republiken auf verschiedene Aufgaben spezialisiert; so war Moldawien neben Georgien für die Versorgung der Union mit Wein zuständig. Es entstanden so einige große Weinbaubetriebe mit für uns unvorstellbaren Dimensionen. Mit einem Weinkeller, in dem über 1,5 Millionen Flaschen Weinspezialitäten lagern, ging z.B. das Weingut „Milesti Mici" 2007 in das Guinness-Buch der Rekorde ein.

Die unterirdischen Anlagen von „Milesti Mici" sind allerdings wenig mit einem normalen Weinkeller vergleichbar. Ein Netzwerk von über 250 km (!) an unterirdischen Straßen, Gängen und Lagerstollen durchzieht einen Hügel westlich von Chişinău in einer Tiefe von bis zu 60 m. Die Straßen – teilweise 2-spurig – werden von PKW und LKW befahren und erschließen die ebenfalls unterirdischen Betriebsteile wie Abfüllung, Versand usw. In den Lagerstollen lagern die in Flaschen abgefüllten Weinraritäten über viele Jahre bei einer konstanten Temperatur von 12 Grad. Für die wertvollsten, über 40 Jahre alten Weine zahlen zahlungskräftige japanische Liebhaber bis 480 Euro die Flasche. Interessante Informationen und vor allem auch beeindruckende Bilder von dieser durch Worte nur schlecht zu beschreibenden Anlage kann und sollte man sich auf der Homepage des Weingutes (www.milestii-mici.md) ansehen.

Mit immer anderen Kollegen habe ich diese Anlage einige Male besichtigt und dabei auch immer an einer Weinprobe teilgenommen. Dafür wird man nach einer Rundfahrt mit dem PKW und der Besichtigung der Lagerstollen zu einer sehr kunstvoll in den Kalkstein geschlagenen und geschmackvoll ausgestatteten „Probierstube" gebracht und dort mit Proben der unterschiedlichen Weine, aber auch mit einer Auswahl an kulinarischen Spezialitäten der Region, verwöhnt. Bei einem meiner Besuche nahm zur gleichen Zeit ein italienischer Männerchor an einer Verkostung teil und stimmte spontan einige italienische Trinklieder in bühnenreifer Qualität an – ein ergreifendes Konzert an einem ungewöhnlichen Ort, das mir fast die Tränen in die Augen steigen ließ.

Wein – selbst gemacht

Eine andere Dimension des landestypischen Weinbaus konnte ich allerdings auch kennen lernen, als uns einer unserer Geschäftspartner auf seine Datscha eingeladen hat. Stolz ließ er uns eine Leiter in einen vielleicht 5x4 m betonierten Kellerraum hinabsteigen. An den Wänden standen Regale, voll mit eingelegten Produkten des eigenen Gartens – aber auch zwei Kunststoff-Kanister mit dem Ertrag des eigenen Weinanbaus des vergangenen Jahres, der so um die 100 Liter gewesen sein dürfte. Das war sicher keine Spezialität, für die japanische Liebhaber 480 Euro die Flasche zahlen würden, aber irgendwie hatte der Wein, den unser Gastgeber beim Abschied in eine ausgespülte Mineralwasserflasche abgefüllt und uns mit auf den Weg gegeben hat, einen höheren Wert für mich. Vielleicht war diese Freundlichkeit und Gastfreundschaft der Menschen, die ich in Moldawien kennengelernt habe, der Grund, warum ich mich in diesem Land wohl gefühlt habe und immer wieder gerne zurückgekommen bin.

Macao

Eine einmalige und auch nur 2-tägige Reise führte mich in die 50 km westlich von Hongkong gelegene ehemalige portugiesische Kolonie Macao, die seit 1999 eine Sonderverwaltungszone der Volksrepublik China ist. Von Hongkong aus sind ein Kollege und ich mit der Expressfähre nach Macao übergesetzt – ein für mich im Rahmen von Dienstreisen eher ungewöhnliches Verkehrsmittel.

Für mich war Macao eine komplett neue Erfahrung. Die Wärme und vor allem die hohe Luftfeuchtigkeit, die dazu führt, dass man beim Verlassen des klimatisierten Hotels den Eindruck hat, jemand hätte einem einen Eimer Wasser über den Rücken geschüttet, empfand ich als sehr unangenehm. Schon aus diesem Grund könnte ich mich in solchen Gegenden nicht wirklich wohlfühlen.

Zwei wesentliche Eindrücke habe ich von diesem Kurzbesuch mitgenommen: Das beeindruckende Stadtbild, in dem tagsüber viele ältere und prunkvolle Gebäude in portugiesischem Baustil an die Zeit als Kolonie erinnern, das nachts jedoch von den Leuchtreklamen der Kasinos und Vergnügungsbetriebe dominiert wird, die Macao die Bezeichnung „Las Vegas des Ostens" eingebracht haben. Mindestens genauso faszinierend fand ich die zahlreichen Schmuck-Geschäfte, die in ihren Auslagen Schmuck und Uhren anbieten, deren Preise in für mich unvorstellbaren Höhen liegen. Ich kann mir dabei nur schwer vorstellen, dass viele Besucher extra wegen der „günstigen Preise" für Uhren und Schmuck hierher kommen. Irgendwie ist das nicht meine Welt.

Luxemburg

Ein „Tagesausflug" führte mich vor vielen Jahren geschäftlich in das Großherzogtum. An Luxemburg selbst habe ich keine besonderen Erinnerungen, dafür jedoch an die Anreise. In all den Jahren war ich auf vielen Strecken, mit den verschiedensten Flugzeugtypen unter allen möglichen Wetterbedingungen unterwegs – ich weiß nicht, woran es lag, aber der Luxair-Flug von Frankfurt nach Luxemburg war der einzige, bei dem mir etwas übel wurde. Dass dies aber offensichtlich weder nur ein Problem von mir war noch an einer speziellen Wetterlage lag, erkannte ich, als die Dame am Schalter der Autovermietung nach einem Blick in die bleichen Gesichter der wartenden Kunden uns mit dem Worten begrüßte: „Na, war es wieder schlimm heute?"

Litauen

Bereits kurz nach der Lösung von der Sowjetunion und Gründung des eigenständigen Landes 1990 war ich mehrere Male in Litauens Hauptstadt Vilnius, um an der Modernisierung des Flughafens mitzuarbeiten. Aber auch nach Litauen bin ich viele Jahre später wieder zurückgekommen und konnte so den Weg von einer – fast noch – sowjetischen Stadt zur Hauptstadt eines Mitgliedslandes der Europäischen Union und der NATO, in das man seit dem Beitritt zum Schengen-Abkommen 2007 nicht nur ohne das bei meinen ersten Besuchen noch benötigte Visum, sondern gänzlich ohne Grenzkontrollen reisen kann, mitverfolgen.

Ein gut gemeinter Rat

Bei meinem ersten Besuch war Litauen noch ein exotisches und unbekanntes Reiseziel. Einige Kollegen waren bereits ein paar Tage früher nach Vilnius geflogen, und ich erinnere mich noch gut, dass sie mir telefonisch empfahlen, ich möge mir doch auf jeden Fall warme Kleidung mitbringen. Neugierig fragte ich nach, mit welchen Temperaturen ich zu rechnen hätte, und war von der Antwort „etwas über 0 Grad" nicht besonders überrascht – schließlich war es Winter, und derartige Temperaturen hatten wir in Deutschland auch. Im Nachsatz erfuhr ich dann aber, dass sich die Temperaturangabe nicht etwa auf die Außentemperatur bezog, sondern auf die Temperatur in den Besprechungszimmern. Russland hätte nach der Unabhängigkeitserklärung die Lieferung von Gas reduziert bzw. zeitweise unterbrochen, und dadurch sei das Heizen erheblich eingeschränkt.

Das etwas andere Hotel

Während der nächsten Besuche konnte man beobachten, dass neben den bestehenden West-Hotels aus der Sowjetzeit immer mehr kleinere private Hotels entstanden sind, die ein wesentlich schöneres Ambiente boten als die großen, anonymen Hotelburgen sowjetischer Bauart. Einmal jedoch hatte unser Geschäftspartner Zimmer im Flughafenhotel reserviert. Derartige Hotels gab es in der Sowjetunion an praktisch jedem Flughafen und waren ursprünglich für die Übernachtung von Crews und Flughafenbediensteten gedacht. Man hatte zwar schon begonnen, dieses „Fliegerheim" zu modernisieren, um daraus ein Hotel nach internationalem Standard zu machen – man war aber offensichtlich noch nicht so weit. Mein Zimmer erinnerte mehr an eine Jugendherberge – das Bett war nicht bezogen, und mir hatte auch niemand gesagt, dass ich Bettzeug zur Selbstbedienung im Schrank finden würde. Ein Kühlschrank, den ich fälschlicherweise für eine Minibar gehalten habe, war leer und ausgeschaltet. Der Rest des Hotels war menschenleer, und somit gab es auch keine Möglichkeit, sich etwas zu essen oder zu trinken zu kaufen – es blieb dafür nur eine Art Bar am benachbarten Flughafen, um überhaupt eine Kleinigkeit zum Abendessen zu bekommen.

Dramatischer Wandel im Großen – Kontinuität im Kleinen

Wie bereits dargestellt hat sich die Situation in Litauen in den letzten 25 Jahren fundamental geändert. Historische Gebäude und Straßenzüge wurden aufwändig renoviert, moderne Gebäude entstanden und alte verschwanden. Vilnius mutierte zu einer modernen europäischen Hauptstadt.

Aber es gab Dinge, die sich auch in zwanzig Jahren nicht änderten. Im Treppenhaus zu den Büros im zweiten Stock der Flughafenverwaltung waren die Treppenstufen relativ gleichmäßig – bis auf eine Stufe, die etwas höher war. Als ich bei meinem ersten Besuch das erste Mal hinauf ging, blieb ich an der unerwartet hohen Stufe mit der Schuhspitze hängen und es fiel mir schwer, die Balance zu halten und nicht hinzufallen. Zugegeben etwas unfair ging ich jedes Mal, wenn ich mit einem neuen Kollegen diese Treppe hochgegangen bin, immer ein paar Stufen hinter ihm um zu sehen, wie er diese Problemstelle meistern würde – niemand hat es beim ersten Mal ohne Stolpern hinbekommen. Ich musste schmunzeln, als ich fast zwanzig Jahre nach meinen ersten Besuchen wieder in das Gebäude der Flughafenverwaltung kam und feststellen konnte, dass zwar einiges in dem Haus renoviert und modernisiert worden war, aber niemand diese Stolperfalle ausgeglichen hatte. Wie in einem Déjà-vu ließ ich meinen litauischen Kollegen vorausgehen – und fühlte mich einen Moment zwanzig Jahre jünger.

Liechtenstein

An das zwischen Österreich und der Schweiz gelegenen Fürstentum Liechtenstein habe ich nur eine Erinnerung: ich war einmal dort. Der Grund für diesen Besuch, meinem kürzesten Auslandsaufenthalt überhaupt, waren auch weder geschäftliche Aktivitäten noch persönliches Interesse sondern lediglich der Wunsch, einen Stau auf der schweizerischen Rheintalautobahn möglichst clever zu umfahren.

Libyen

Eine Reise führte mich für zwei Tage auch nach Tripolis, der Hauptstadt Libyens. Der Besuch dieses Landes, das zu der Zeit noch unter der Herrschaft von Muammar al-Gaddafi stand, brachte für mich völlig neue Eindrücke, da es sich doch wesentlich von den Ländern unterschied, die ich üblicherweise besuchte. So war es das erste Land, in dem es generell keinen Alkohol gab – es wurde zwar Bier ausgeschenkt, aber nur in der alkoholfreien Variante.

Eine Erinnerung habe ich an eine unserer Besprechungen mit einem leitenden Vertreter einer Investment-Gesellschaft aus dem Umfeld Gaddafis. Er empfing uns in einem weiten, safrangelben Gewand, das uns deutlich vor Augen führte, dass wir uns in einer anderen Kultur mit einem anderen Dress-Code bewegten. Er lud uns ein, in einer wuchtigen Sitzgruppe Platz zu nehmen, die mit ebenfalls safrangelbem Leder überzogen war. Es war dann schwer für meinen Kollegen und mich, ernst zu bleiben, als sich unser safrangelber Gesprächspartner auf die gleichfarbige Couch setzte und optisch so mit ihr verschmolz, dass man nur seinen Kopf aus diesem safrangelben Gesamtkunstwerk ragen sah. Sicher ist diese Reaktion von uns im Endeffekt etwas albern – aber wenn man so einen Gedanken im Kopf hat, kommt man einfach nicht los davon. Es war eine schwierige Besprechung.

Auch an ein Abendessen in einem Fischrestaurant am Strand des Mittelmeeres denke ich gerne zurück. Allerdings war die Vorgehensweise etwas anders, als wir es von unseren Lokalen kennen. Das Restaurant lag neben einem Fischmarkt, und man musste bzw. konnte sich aus dem Angebot der verschiedenen Fischhändler aussuchen, was man gerne zum Essen haben möchte. Den Fisch, den man bei dem Händler gekauft hatte, brachte man dann mit in das Restaurant, ließ ihn dort köstlich zubereiten und auf der Terrasse direkt am Meer servieren. An sich keine schlechte Idee, weder für das Restaurant noch für die Fischer oder den Gast. Ich denke, eine derartige Vorgehensweise würde in Deutschland jedoch aus Gründen des Lebensmittelrechts eher nicht möglich sein.

Kirgistan

Kirgistan ist der Nachfolgestaat der Kirgisischen Sowjetrepublik und erklärte seine Unabhängigkeit 1991. Der zentralasiatische Staat, der an Kasachstan, Usbekistan, Tadschikistan und China grenzt, ist mit einer Fläche von ca. 200.000 km² gut halb so groß wie Deutschland. Die Hauptstadt dieses landschaftlich recht interessanten, gebirgigen Landes, das im Norden etwa 4 Autostunden von der kasachischen Metropole Almaty entfernt liegende Bischkek, habe ich dreimal besucht. Aufgrund der langen Fahrzeit begann jeder dieser „Ausflugstage" sehr früh mit der Abfahrt vom Hotel in Almaty und endete dort auch erst spät am Abend. Dazwischen lagen, neben den eigentlichen Besprechungs- und Besichtigungsterminen in Bischkek, endlose Fahrten durch die, vor allem auf kasachischer Seite, recht eintönigen Wüstenlandschaft.

Zwei Mal unternahm ich diese Tagesreise mit meinem Kollegen aus Almaty, der mit seinem Jeep fuhr und auch die Aufgabe des Dolmetschers übernahm. Einmal jedoch war er verhindert und stellte mir einen Fahrer und eine Dolmetscherin zur Verfügung. Diese Fahrt werde ich nicht so schnell vergessen. Wir fuhren sehr früh aus Almaty ab; außer der Dunstglocke, die für Almaty selbst typisch ist, begleitete uns ein dichter Nebel in den ersten Stunden unserer Fahrt. Ich erfuhr erst später, dass mein

Fahrer eigentlich Pilot der kasachischen Airline war – und dementsprechend war auch sein Fahrstil. Er war es wohl gewohnt, dass auch bei schlechter Sicht der Autopilot die sichere Navigation ermöglicht und dass es auf einer „Luftstraße" nicht so entscheidend ist, ob man ein paar Meter weiter links oder rechts fährt und die Kurven etwas enger oder weiter nimmt.

Als wir auf diese Weise doch wohlbehalten bis zur kasachisch-kirgisischen Grenze „geflogen" waren, tauchte schon die nächste Schwierigkeit auf. Meine Dolmetscherin hatte nicht den richtigen Pass, mit dem eine Einreise nach Kirgistan ohne Visum möglich gewesen wäre. Unser Fahrer konnte dieses Problem, das letztlich die ganze Mission gefährdet hätte, durch Zahlung einer „Sonderabgabe" aus der Welt schaffen, und wir konnten schließlich doch alle nach Kirgistan einreisen. Bei der Rückfahrt am Nachmittag tauchte das schon gelöst geglaubte „Visum-Problem" aber erneut auf. An der Grenze hatte inzwischen ein Schichtwechsel stattgefunden, so dass niemand über die „Sondererlaubnis" vom Vormittag informiert war. Man stellte also fest, dass meine Dolmetscherin sich offensichtlich ohne Visum – also praktisch illegal – in Kirgistan aufgehalten hatte. Um ihr die Ausreise aus dem Land, in das sie offiziell ja überhaupt nicht eingereist war, zu erlauben, war es erneut nötig, die Augenlider des zuständigen Grenzbeamten mit ein paar Dollar-Scheinen zu beschweren, dass es ihm leichter fiel, die Augen zuzudrücken.

Von der kirgisischen Botschaft zum Flughafen Tempelhof

Mein erster Kontakt mit Kirgistan fand allerdings nicht im weit entfernten Zentralasien sondern bei einem Vorbereitungstreffen in der kirgisischen Botschaft in Berlin statt. Nachdem mein Gespräch mit dem Botschafter beendet war, ließ er es sich nicht nehmen, mich in seinem Botschaftsfahrzeug zum Flughafen Tempelhof bringen zu lassen. Die Fahrt von der Botschaft in Charlottenburg nach Tempelhof war ein Erlebnis für sich. Der Fahrer war – so erzählte er mir während der Fahrt – erst eine Woche vorher von Bischkek nach Berlin gekommen. So hatte er bisher wenig Gelegenheit, sich eine gewisse Ortskenntnis von Berlin anzueignen; vor allem aber hatte er sich die zentralasiatische Fahrweise noch nicht ab- und ein für den Berliner Stadtverkehr geeignetes Fahrverhalten angewöhnt. Ich wurde also von einem Fahrer, der gefühlt alle paar hundert Meter ungeachtet der Verkehrssituation einfach mitten auf der Straße stehen blieb und versuchte, sich auf einem Stadtplan zu orientieren, der an sich ein etwas eigenartiges Verständnis für Fahrstreifenmarkierungen hatte und der vom Berliner Straßenverkehr völlig überfordert schien, in einer repräsentativen Botschaftslimousine quer durch die deutsche Hauptstadt gefahren. Die anderen Autofahrer waren erstaunlich geduldig, was aber vermutlich daran lag, dass das Auto ein Botschaftsnummernschild hatte, und dass auf dem vorderen Kotflügel das vermutlich nicht von jedem Berliner spontan identifizierbare Banner mit der kirgisischen Flagge eine gewisse Autorität ausstrahlte. Also mit einem zentralasiatischen Fahrer durch eine zentralasiatische Stadt zu fahren mag manchmal durchaus eine Herausforderung für die Nerven sein, mit einem zentralasiatischen Fahrer allerdings durch den Berufsverkehr Berlins zu fahren, ist auf jeden Fall unvergesslich.

Amerikaner in Bischkek

In Bischkek konnte ich auch eine Entwicklung beobachten, die weniger mit der Situation in dem Land, das üblicherweise nicht im Fokus der Weltöffentlichkeit steht, zusammenhängt, sondern mit der weltpolitischen Lage rund um den Afghanistan-Konflikt. Bei meinem ersten Besuch lag der internationale Flughafen von Bischkek inmitten einer freien und öden Ebene einige Kilometer nördlich der Stadt. Die Anzahl der Flugbewegungen war überschaubar, so dass sowohl im Terminal als auch im gesamten Flughafenumfeld eine beschauliche Ruhe herrschte. Nach dem 11. September 2001 wurde in direkter Nachbarschaft des Flughafens ein

Camp der amerikanischen Army für 5.000 Soldaten errichtet, das nach dem erzwungenen Abzug der Amerikaner aus Usbekistan im Jahre 2005 nochmals an Bedeutung als Brückenkopf für die Aktivitäten der US-Army in Afghanistan gewann.

Es war interessant, sich mit den Flughafenmitarbeitern über die Präsenz der amerikanischen Soldaten in Bischkek zu unterhalten. So war man überrascht, dass es den Soldaten prinzipiell verboten war, das Camp zu verlassen. Sie waren auch verpflichtet, sich ausschließlich von der für sie im Camp zubereiteten Verpflegung zu ernähren und es war ihnen nicht einmal erlaubt, zusammen mit anderen ebenfalls dort stationierten UN-Soldaten anderer Länder in deren „Feldküche" zu essen. Man erzählte mir von der Beobachtung, dass Soldaten in Sportbekleidung das Camp verließen, was für sportliches Training wohl ausnahmsweise erlaubt gewesen war, sich nach der nächsten Ecke umzogen, in die Stadt fuhren, um nach ein paar Stunden wieder in Sportkleidung ins Camp zurückzukommen. Bei diesen Erzählungen stellt sich für mich schon die Frage, ob es sich um Soldaten handelt, die ihr Leben für eine Mission einsetzen, oder doch irgendwie um Gefangene. Vor dem Hintergrund kann ich, ohne selbstverständlich dieses Verhalten entschuldigen zu wollen, verstehen, wenn sich bei dem einen oder anderen ein gewisser „Lagerkoller" entwickelt und es zu respektlosen, unschönen oder auch schlicht kriminellen Vorfällen kommt.

Staatsbesuch in München

Als einer der wenigen innerhalb unseres Unternehmens, der aktiv an konkreten Projekten in Kirgistan gearbeitet hat, wurde ich eingeladen, an einem Empfang des damaligen Präsidenten Kirgistans, Askar Akajew, während dessen Staatsbesuches in Deutschland beim Vorstand unserer Firma teilzunehmen.

Unabhängig von den konkreten Themen dieser Gespräche war dieser Abend für mich ein äußerst interessanter Ausflug in die Politik. Es war beeindruckend, wie sowohl der Präsident als auch der Vertreter unseres Vorstands eloquent, diplomatisch, unverbindlich und ergebnisoffen über Themen sprechen können, die sie nur aus kurz gehaltenen schriftlichen oder mündlichen Briefings kennen. Aber, wie in der „richtigen" Politik vermutlich bzw. hoffentlich auch, sind derartige „Gipfeltreffen" Katalysatoren für substanzielle und detaillierte Gespräche zwischen den bzw. innerhalb der eingebundenen Delegationen. So hatte ich beim Abendessen die Gelegenheit, mich mit dem früheren Ministerpräsidenten von Niedersachsen, Ernst Albrecht, zu unterhalten, der lange Jahre Koordinator der Bundesregierung für die deutsch-kirgisische Zusammenarbeit und Berater Kirgistans war.

Kasachstan

Mit einer Fläche von über 2,7 Mio. km² ist Kasachstan fast 8x so groß wie die Bundesrepublik Deutschland und das neuntgrößte Land der Erde. Allerdings leben in dem in großen Teilen aus Steppen- und Wüstengegenden bestehenden Land nur weniger als 20 Mio. Einwohner, d.h. die Bevölkerungsdichte liegt mit 7 Einwohnern je km² sehr niedrig. Beim Zerfall der UdSSR ist Kasachstan 1991 als eigenständiges Land aus der kasachischen Sowjetrepublik hervorgegangen. Bis 1997 war das im äußersten Süden gelegene Almaty die Hauptstadt des riesigen Landes. Aus innenpolitischen Gründen wurde jedoch 1997 das zentraler im Lande gelegene Aqmola zur Hauptstadt ernannt und 1998 in Astana umbenannt. Trotz aller Versuche der Regierung, Astana auch faktisch als Hauptstadt zu etablieren, verliert Almaty nur langsam die Rolle als wirtschaftliches Zentrum des Landes.

Während meiner beruflichen Tätigkeit habe ich daher viele Male Almaty besucht und bin von dort je einmal zu Präsentationen in die nahe des Kaspischen Meeres im Westen des Landes gelegenen Städte Atyrau und Aktau geflogen. In die offizielle Hauptstadt Astana hat mich mein Weg dagegen nicht geführt.

Raus aus dem Smog
– nach Medeo und Chimbulak

Almaty liegt unmittelbar an der nördlichen Flanke des Tian-Shan-Gebirges, das sich in Kasachstan und in dem unmittelbar im Süden angrenzenden Kirgistan zu weit über 7.000 m hohen Bergen erhebt. Der Geländeübergang ist vielleicht vergleichbar mit dem Übergang der bayerischen Alpen ins Voralpenland. Fährt man von Almaty südlich in die Berge und blickt zurück in Richtung Norden, dann fühlt man sich etwas erinnert an den Blick z.B. von der bayerischen Kampenwand – nur dass die Berge im Süden wesentlich höher sind, und die Ebene im Norden erheblich weiter, öder und deutlich weniger einladend aussieht als das liebliche Voralpenland.

Während meines ersten Besuches in Almaty lud mich ein Kollege ein, mit ihm eine Fahrt in die Berge zu unternehmen. Er meinte, dass dies absolut unerlässlich sei, um sich ein realistisches Bild von zumindest diesem Teil von Kasachstan machen zu können. Denn nur von einem Aufenthalt in der oft von einer Dunstglocke bedeckten Großstadt mit über 1,5 Millionen Einwohnern könne man unmöglich die Aussage in einem bekannten Kinofilm nachvollziehen, dass Kasachstan ein „schönes Land" sei.

Bereits innerhalb von Almaty, das auf einer Höhe von 500 m liegt, beginnt die Straße bergauf zu führen, um nach etwa 15 km unser erstes Ziel, das auf einer Höhe von 1.700 m liegende weltbekannte Medeo-Eisstadion, zu erreichen. Hier wurden während der Sowjetzeit knapp 200 Weltrekorde im Eisschnelllauf aufgestellt, die allerdings international oft nicht zur Kenntnis genommen bzw. anerkannt wurden. Mein Kollege erzählte mir, das sei daran gelegen, dass die Bahn etwas zu kurz geraten sei, und die erreichten Zeiten nicht mit denen anderer Rennen vergleichbar gewesen wären. Eine Bestätigung für diese Begründung habe ich zwar nirgends gefunden, aber irgendeine Ursache muss diese „Ächtung" ja gehabt haben.

Nachdem wir uns staunend das über 10.000 Besucher fassende, in die Hochgebirgslandschaft eingebettete Stadion angesehen hatten, fuhren wir die Bergstraße weiter, um nach weiteren 10 km das auf über 2.200 m gelegene Skigebiet Chimbulak zu erreichen. Das Skigebiet ist durch mehrere Liftanlagen, die den Skifahrer bis in eine Höhe von 3.200 m bringen, sowie die sonst übliche Infrastruktur sehr gut erschlossen und in keiner Weise vergleichbar mit dem Skigebiet in Usbekistan, das ich an anderer Stelle beschrieben habe.

Auf der Rückfahrt nach Almaty konnte ich dann das Ausmaß der Luftverschmutzung deutlich sehen. Aus der klaren Luft im Skigebiet oder beim Medeo-Stadion sah ich an der Stelle, an der eigentlich Almaty sein sollte, einfach nur eine schmutzige Dunstglocke. Mit jedem Kilometer, den wir weiter in Richtung Almaty kamen, wurden zunächst die

Konturen der Stadt deutlicher, dafür der Blick nach oben immer trüber und die Luft spürbar schlechter. Und so ging ein schöner und lohnender Ausflug zu Ende, der mich die Natur Kasachstans als Gegenpol zur Stadt Almaty eindrucksvoll erleben ließ.

Besuch in Oktyabr („Oktober")

Eine ganz andere Seite Kasachstans lernte ich kennen, als ich die Gelegenheit nutzte, einen örtlichen Kollegen zu einem Besuch seiner Verwandtschaft in ein kleines Dorf namens Oktyabr („Oktober"), ca. 350 km nördlich von Almaty, zu begleiten.

Ich weiß nicht, ob die Situation in diesem Örtchen typisch für das kasachische Landleben ist, aber zumindest dort waren die Lebensbedingungen sehr einfach. Die kleinen Häuser lagen an unbefestigten Straßen, es gab wohl Strom, Fernsehen und Telefon – die Wasserver- und -entsorgung hat aber jeder für sein Haus selbst geregelt. So stand die Toilette in Form eines Holzhäuschens in der hinteren Ecke des Gartens. Alles in allem lernte ich Lebensbedingungen kennen, die für mich absolut nicht vorstellbar wären. Was mir allerdings auch hier auffiel ist die überschwängliche Gastfreundschaft, die einem als Besucher begegnet.

Internationale Volumeneinheiten

Zur Erinnerung an die Schulzeit: 1l = 10dl = 100cl =1000ml und wiegt bei Wasser näherungsweise 1kg. Üblicherweise versteht man 0,5l unter einer „Halben" Bier, Spirituosen werden bei uns als „einfache" mit 0,02l = 2cl oder „doppelte" mit 0,04l = 4cl ausgeschenkt. Im russischen Kulturkreis ist die übliche Menge 0,05l = 5cl, wobei man normalerweise Hochprozentiges nach Gewicht bestellt, also 50g für 5cl.

An der Hotelbar des Hyatt-Regency in Almaty, immerhin ein Haus einer internationalen Hotelkette im oberen Segment, bestellte ich mir nach einem anstrengenden Arbeitstag ein großes Bier der lokalen Brauerei Tian-Shan – hier muss man übrigens aufpassen, was man bestellt, denn im Nachbarland Usbekistan erhält man unter diesem Namen Mineralwasser. Zufällig fiel mein Blick auf den Eichstrich des Brauerei-Bierglases und die darüber angegebene Menge von 5 cl (!). Demnach schien ich also ein überdimensionales Schnapsglas vor mir zu haben, das einen halben Liter fassen kann. Ich als jemand, in dessen Heimat das Eichwesen eine sehr ernst genommene, hoheitliche Aufgabe ist, war doch recht verwundert, wie es einem Hersteller von Gläsern für die Gastronomie passieren kann, einen derartigen Fehler zu machen, wie dies weder einer Eichbehörde noch einer Brauerei auffallen kann, und wie selbst das Servicepersonal eines Spitzenhotels einen solchen Unsinn nicht bemerkt. Als ich den Barman darauf aufmerksam machte und eigentlich erwartete, dass er entweder ebenfalls verwundert und amüsiert oder auch betroffen reagiert, musste ich feststellen, dass er offensichtlich nicht einmal verstand, worauf ich ihn hinweisen wollte. Somit konnte er auch nicht verstehen, warum ich gerne ein solches Glas mitnehmen wollte – er gab es mir jedoch problemlos, und ich habe nun zu Hause ein als Schnapsglas geeichtes Bierglas als Erinnerung daran, dass in anderen Länder manche Dinge doch eine geringere Wichtigkeit haben als bei uns.

Atyrau
– eine kleine Brücke von Europa nach Asien

Ein mehrstündiger Inlandsflug über menschenleere, endlose Wüstengebiete brachte mich einmal von Almaty in die Stadt Atyrau ganz im Westen des riesigen Landes. Atyrau liegt an beiden Ufern des Flusses Ural gut 40 km nördlich von dessen Mündung ins kaspische Meer. Das kleine Städtchen selbst ist an sich nicht besonders interessant, seine geografische Lage dagegen schon. Da der Fluss Ural hier die geografische Grenze zwischen Europa und Asien bildet, ist Atyrau praktisch mit Istanbul zu vergleichen. So gibt es einen europäischen und einen asiatischen Teil sowie einige Brücken, die die beiden Stadtteile und damit die beiden Kontinente verbinden – nur eben wesentlich kleiner, ruhiger und entspannter als im türkischen Pendant. So haben wir am Nachmittag noch einen kleinen eurasischen Spaziergang durch die beiden Kontinente gemacht, bevor wir wieder unseren langen Rückflug nach Almaty angetreten haben.

Einmal hat es auch mich getroffen

Ein Erlebnis in Kasachstan werde ich immer in Erinnerung behalten – wenn auch nicht in guter. Bei der Ausreise musste man in Kasachstan eine Zollerklärung ausfüllen, in der man insbesondere auch angeben musste, welche Devisen man ausführt. Der Einfachheit halber habe ich mein restliches Bargeld bereits im Hotel gezählt und das erforderliche Formular entsprechend ausgefüllt. Bei der Zollkontrolle haben sich dann zwei Beamtinnen mittleren Alters meiner angenommen, und die Situation verlief genauso wie der „Klassiker", vor dem man oft gewarnt wird. Eine der beiden ließ sich von mir mein Geld zeigen und nahm es an sich, um es zu zählen. Die andere Beamtin begutachtete währenddessen mein Gepäck und forderte mich nachdrücklich auf, ein Gepäckstück zu öffnen und ihr den Inhalt zu zeigen. Nachdem ich nur kurz meine Aufmerksamkeit meinem Gepäck zugewandt hatte und mich wieder der Beamtin mit meinem Geld zuwandte, erklärte mir diese, dass ich meine Zollerklärung falsch ausgefüllt hätte. In meiner Deklaration hätte ich 100 USD mehr angegeben als ich vorgelegt habe. Ich war mir sicher, dass der Betrag korrekt war, und mir war klar, dass die beiden an diesem Tag je 50 USD mehr „verdient" hatten. Eine Chance, etwas dagegen zu unternehmen, hatte ich nicht. Es war mitten in der Nacht, und ich wollte auf keinen Fall meinen Flug nach Deutschland gefährden. Dass sie mir aber auch noch unterstellt haben, in meiner Erklärung falsche Angaben gemacht zu haben, empfand ich in diesem Zusammenhang als besonders dreist. Sie haben mich dann letztlich mit dem Gefühl entlassen, dass ich froh sein könne, trotz der angeblich falschen Angaben ungeschoren davonzukommen.

Jugoslawien

Den Landesnamen Jugoslawien verwende ich hier, da ich dieses Land noch vor dem Bürgerkrieg besuchte, der letztlich zur Zerschlagung Jugoslawiens in die unabhängigen Staaten Kroatien, Slowenien, Bosnien-Herzegowina, Serbien, Mazedonien, Montenegro und dem Kosovo führte. Das erste Mal unternahm ich als Kind mit meinen Eltern von unserem Campingplatz an der italienischen Adria in den 60er Jahren einen Tagesausflug zu den Höhlen von Postoijna. Die zweite Reise war der erste Urlaub zusammen mit meiner Ehefrau Ende der 80er Jahre und führte uns auf die Insel Krk, von wo aus wir einige Sehenswürdigkeiten, wie z.B. erneut die Höhlen von Postoijna und die Plitvicer Seen besichtigten.

Gegensätze

Erstaunlicherweise erinnere ich mich sehr genau an eine Szene während eines Ausflugs in das Landesinnere. Wir fuhren gerade an einer Kaserne vorbei als wir von Soldaten aufgefordert wurden stehen zu bleiben. Vor uns verließ ein Militärkonvoi die Kaserne, und wir mussten ein paar Kilometer hinterher fahren, bis die Fahrzeuge eine andere Richtung einschlugen. Ich dachte mir dabei, dass in dieser herrlichen und ruhigen Urlaubslandschaft doch wirklich keine Notwendigkeit mehr bestehe, militärische Aktivitäten durchzuführen. Hier schien die Welt völlig in Ordnung zu sein, und irgendwelche Probleme, die des Eingreifens von Militär bedürfen, schienen mir absolut unmöglich.

Wie sollte ich mich getäuscht haben. Bereits kurz darauf begann der Bürgerkrieg auf dem Balkan, der dieses Land schlagartig von einem Urlaubsparadies in den Schauplatz brutaler Kriegshandlungen und -verbrechen verwandelte. Meine Illusion von einer selbstverständlichen Kontinuität fiel somit kurz nach unserem Urlaub dort wie ein Kartenhaus in sich zusammen.

Was sich für mich allerdings – schon wegen des zeitlichen Zusammenhangs – ebenso unvorstellbar, diesmal im Gegensatz jedoch positiv entwickelte, war der Fall der Mauer und die Wiedervereinigung Deutschlands. Wenn mir jemand 1987 gesagt hätte, dass man nur kurze Zeit später zwar nicht mehr nach Jugoslawien in den Urlaub fahren, dafür aber wie selbstverständlich ohne auch nur eine Grenzkontrolle problemlos nach Berlin, Leipzig oder auf die Insel Rügen reisen könne, hätte ich ihn, wie es vermutlich die meisten anderen auch getan hätten, als „realitätsfern" belächelt.

Die Plitvicer Seen

Unvergesslich wird mir der Aufenthalt an den Plitvicer Seen bleiben. Wir waren ursprünglich von unserem Hotel an der Küste zu einem Tagesausflug dorthin aufgebrochen und erreichten den u.a. als Kulisse für die Karl-May-Verfilmungen bekannten Nationalpark nach einigen Stunden Fahrzeit. Tagsüber wird der Nationalpark verständlicherweise von sehr vielen Reisegruppen besucht, so dass man diese traumhaft schöne Landschaft mit vielen anderen Besuchern teilen muss. Da wir glücklicherweise mit dem eigenen Auto gefahren und entsprechend flexibel in unserer Reiseplanung waren, haben wir uns spontan entschlossen, eine Nacht in einem Gasthof zu bleiben. Wir hatten dadurch die Möglichkeit, am späten Nachmittag eine Wanderung an den einzigartigen, kaskadenförmig angeordneten Seen und den eindrucksvoll in die Landschaft eingebetteten Wasserfällen, ungestört von den inzwischen wieder abgefahrenen Tagesbesuchern, zu genießen. Ein köstlicher gegrillter Fisch zum Abendessen auf der, mit einem unbeschreiblichen Blick auf die Umgebung aus Seen und Wasserfällen gelegenen, Terrasse unseres Gasthofes war dann ein würdiger Abschluss eines unvergesslichen Tages.

Schadenfreude

Aus diesem Urlaub ist mir noch eine kleine Geschichte im Gedächtnis. Bei einer Probefahrt mit meinem Schlauchboot aus Kindertagen mussten wir feststellen, dass es die vielen Jahre Vernachlässigung wohl nicht unbeschadet überstanden hatte und an einer Schweißnaht unreparierbar gerissen war. Nachdem wir mit dem Boot im Schlepp wieder ans Ufer zurückgeschwommen waren stellten wir es in einen Unterstand, der als Lager für die verschiedensten Boote und Surfbretter gedacht war. Noch bevor wir uns jedoch Gedanken um die Entsorgung machen konnten stellten wir fest, dass jemand wohl unser Boot mitgenommen hatte. Wir waren also ein Problem auf einfache Weise los – und mit einer gewissen Schadenfreude habe ich mir vorgestellt, wann und wie der neue Besitzer den Zustand seiner „Neuerwerbung" bemerken würde.

Jordanien

Jordanien erwähne ich hier nur der Vollständigkeit halber. Auf meinem Weg von Deutschland in den Irak hatte ich einen mehrstündigen Aufenthalt am Flughafen von Amman.

Bemerkenswert war für mich hier allerdings der Service der Jordanian Airlines. Wir sind am Abend aus Frankfurt kommend in Amman gelandet und hatten unseren Anschlussflug nach Erbil im Irak sehr früh am nächsten Morgen. Eigentlich hatten wir uns auf eine relativ unbequeme Nacht im Transitbereich des Flughafens eingestellt. Überrascht waren wir jedoch, als die Passagiere der Business-Class von der Fluglinie zu einem Hotel in Flughafennähe gebracht wurden. Dort servierte man uns im Restaurant des Hotels ein Abendessen und stellte uns für die restliche Zeit ein Hotelzimmer zur Verfügung – weder für den Transfer noch für Hotelübernachtung und Abendessen mussten wir etwas bezahlen, das sei selbstverständlicher Service der Airline.

Italien

Eine ziemlich intensive Beziehung hatte ich zu Italien. Bereits in meiner Kindheit, d.h. in den späten 60er Jahren, bin ich mit meinen Eltern in unserem alten, vermutlich hoffnungslos überladenen VW-Käfer zum Zelten auf einen Campingplatz in Grado an der Adria gefahren. Später war Italien mehrfach das Reiseziel mit meiner Familie und Freunden. Dabei habe ich außer Südtirol und den norditalienischen Seen auch die Insel Sardinien kennen gelernt.

Geschäftlich betreute ich als eines meiner ersten Projekte den Aufbau eines Labors für mikrowellengestützte Fernerkundung im Forschungszentrum der Europäischen Gemeinschaft bei Ispra, einem kleinen Ort am südlichen Lago Maggiore. Auch wenn mich einige Kollegen um dieses Projekt bzw. dessen Lage beneideten, brachte diese Aufgabe mit sich, dass ich hier Norditalien auch zu den touristisch weniger interessanten Jahreszeiten besuchte, in denen überwiegend ein ziemlich unattraktives Wetter mit Nebel und Regen herrscht, und sich so die touristischen Aspekte meiner Dienstreisen sehr in Grenzen hielten.

Ein Stück Europa in Italien

Genau genommen war das Projekt in Ispra überhaupt nicht in Italien, zumindest nicht auf italienischem Hoheitsgebiet. Von den vier Forschungszentren der Europäischen Gemeinschaft, die ursprünglich als EURATOM-Zentren errichtet worden waren, liegt eines bei Ispra in Oberitalien in exterritorialem Gebiet, das direkt der Verwaltung der Europäischen Kommission in Brüssel untersteht. Man kann diese Zentren also gewissermaßen als „Land" Europa betrachten. Für Warenlieferungen hat dies zur Folge, dass diese Italien praktisch nur im Transit durchqueren und an der Grenze am Eingang des Geländes quasi aus Italien aus- und nach Europa eingeführt werden. Bereits lange vor der Einführung des Euro als Zahlungsmittel in Europa war die Währung, in der hier Verträge geschlossen, aber auch die Gehälter der Beschäftigten bezahlt wurden, der ECU, die European-Currency-Unit. Die ohnehin nicht geringen Einkommen der EU-Angestellten waren konsequenterweise weder in Italien noch in irgendeinem anderen Land steuerpflichtig, so dass die Bedingungen, unter denen man hier arbeitete, schon in gewisser Weise wie im Schlaraffenland waren und vermutlich auch heute noch sind.

Labor für satellitengestützte Fernerkundung

In einem der Labore beschäftigte man sich mit der zivilen Fernerkundung der Erdoberfläche. Die

Idee ist es, von einem Satelliten Mikrowellen auf z.B. ein großes Waldgebiet zu senden, und aus den von einem anderen Satelliten aufgefangenen Reflexionen dieser Wellen eine Aussage über den Zustand des Waldes und etwaiger Umweltschäden abzuleiten. Um die Reflexionen auswerten zu können muss man allerdings zuerst herausfinden, wie sich die Reflexionen eines gesunden Baumes von denen eines geschädigten unterscheiden, und genau für diese Voruntersuchungen wurde dieses Labor erbaut, in dem man derartige Konstellationen hochgenau simulieren und sich so eine Basis für Auswertung der von den Satelliten gelieferten Daten schaffen kann.

Das Projekt selbst, aber auch der Einblick in die Arbeit eines derartigen Forschungsinstituts war eine sehr gute Erfahrung, die ich am Anfang meiner Berufstätigkeit hier machen konnte.

Mein „Tag des Mauerfalls"

Viele Leute in Deutschland, die diesen Tag bewusst erlebt haben, wissen noch ganz genau, was sie am Abend des 9. November 1989 gemacht und auf welche Weise sie erfahren haben, dass an diesem Abend die Mauer in Berlin durchlässig wurde. Für mich fiel dieser Tag mit einem anderen, für mich wichtigen Ereignis zusammen – an diesem Tag war eine Delegation des Forschungszentrums

Ispra bei uns zu Gast, und der Vertrag über die Realisierung des Projektes wurde unterschrieben. Am Abend hatten wir aus diesem Anlass zu einem gemeinsamen Abendessen eingeladen und gerade unsere Bestellung aufgegeben, als einer meiner Kollegen etwas verspätet zu uns stieß und uns noch vor einer richtigen Begrüßung mit der Einleitung „Ihr glaubt nicht, was gerade in Berlin los ist ..." über diese wegweisende Entwicklung in der deutsch-deutschen Politik informierte.

Golfkrieg in Italien

Der Fall der Berliner Mauer war allerdings nicht das einzige historische Ereignis, das ich direkt mit Italien in Verbindung bringe. Im Januar 1991 saß ich alleine beim Abendessen in einem kleinen Restaurant, in dem in einer Ecke ein Fernsehapparat lief. Ich konnte zwar kein Wort verstehen, alleine die Bilder in Verbindung mit dem Tonfall des Sprechers aber ließen erkennen, dass gerade irgendetwas Dramatisches in der Welt geschehen musste. Da es zu dieser Zeit noch keine Handys gab, die auch im Ausland eine problemlose Kommunikation mit zu Hause ermöglicht hätten, blieb mir nichts übrig, als für unverhältnismäßig viel Geld von meinem Hotelzimmer aus in Deutschland anzurufen um zu erfahren, dass in dieser Nacht der Golfkrieg ausgebrochen war.

Die Folgen, die dieses Ereignis kurzfristig für die Welt hatte, bekam ich dann persönlich am nächsten Tag zu spüren. Die Sicherheitskontrollen, insbesondere im internationalen Luftverkehr, wurden extrem verstärkt – und ich hatte für diesen Abend einen Flug von Mailand über Frankfurt nach Nürnberg gebucht. Der Rückflug wurde zum Abenteuer. Bereits in Mailand waren alle Zugänge zum Flughafen versperrt. Die Fluggäste wurden nur durch einen kleinen Nebeneingang eingelassen, an dem sie einer beispiellosen Sicherheitskontrolle unterzogen wurden. Im Flugzeug nach Frankfurt hat man uns empfohlen, beim Umsteigen auf keinen Fall den Sicherheitsbereich am Flughafen zu verlassen, da die Wartezeit an der Sicherheitskontrolle, um wieder hineinzukommen, über drei Stunden betrage, und der Anschlussflug so sicher nicht mehr erreicht würde. Zudem wäre es verboten, jegliche Elektrogeräte mit an Bord zu nehmen. Alles, was bei der Kontrolle beanstandet würde, könnte man in einen Umschlag oder ein Paket verpacken und entweder bis zur Rückkehr verwahren oder sich an seine Heimatanschrift zusenden lassen. Wie ich in Frankfurt dann auch selbst sehen konnte, hatte die Menge an zurückgewiesenen Gegenständen innerhalb eines Tages bereits eine beeindruckende Größenordnung erreicht, die Warteschlangen waren endlos, die Kontrolle selbst sehr gründlich und entsprechend langsam, so dass die Warnung vor mehrstündigen Wartezeiten sicher nicht übertrieben war.

Die Beschränkungen wurden dann zwar wieder entschärft – so wurden Elektrogeräte eine Zeit lang bei der Kontrolle gewogen, und die Gewichte mit den von den Herstellern angegebenen Norm-Gewichten verglichen – aber der Beginn des Golfkriegs war zweifellos das Ereignis, das den Beginn einer grundsätzlichen Neuordnung der Sicherheitskontrollen im internationalen Flugverkehr angestoßen hat.

Der „Kampf" mit dem Abendessen

An eine wesentlich persönlichere Geschichte denke ich bei entsprechenden Gelegenheiten immer wieder gerne zurück. Zu einem Besuch in einer absoluten Nebensaison fuhr ich alleine mit dem Auto nach Ispra und steuerte direkt das kleine Privathotel an, in dem ich mir ein Zimmer reserviert hatte. Meinem Eindruck nach war ich überhaupt der einzige Gast, und auch die Umgebung des Hotels war menschenleer. Die Idee, mir zum Abendessen eine gemütliche Pizzeria zu suchen, verwarf ich in der Annahme, dass zu dieser Zeit sowieso alles geschlossen sei, und entschied mich, im Hotelrestaurant zu essen.

Die Speisekarte enthielt die verschiedensten Gerichte, das Preisniveau war aber auch entsprechend hoch. Mein Hunger war ziemlich groß und ich dachte, dass vielleicht eine große Portion Spaghetti ein guter Kompromiss zwischen Nährwert und

Preis wäre. Aus den angebotenen Pasta-Varianten, die in einem italienischen Restaurant ja üblicherweise als Vorspeise angeboten werden, wählte ich das teuerste Gericht aus – ich dachte, dass diese Portion dann möglicherweise etwas größer sein und mir als Hauptgericht ausreichen würde. Nun kannte ich zwar die italienischen Wörter „Spaghetti" und „Pasta", nicht dagegen das Wort für „Hummer". Was mir nämlich serviert wurde, war ein großer Teller mit einer normalen Portion Spaghetti, auf der ein Hummer thronte und mich anschaute, als wolle er die Nudeln vor mir verteidigen. Eigentlich war es mein Wunsch, eher schnell meinen Hunger zu stillen als irgendwelche Spezialitäten zu genießen. Bei meiner Überlegung, wie ich nun diese kulinarische Herausforderung angehen sollte, half es mir auch wenig, dass man mir zusätzlich zum normalen Besteck eine Art Seitenschneider und so etwas wie einen Pfeifenstopfer zur Verfügung stellte. Ich habe es dann zwar doch irgendwie geschafft, den Hummer zu überlisten und meinen Hunger zu stillen – ich hatte allerdings das Gefühl, auch wesentlich zur Unterhaltung und dem Amüsement des Personals beigetragen zu haben, das mangels anderer Gäste und Aufgaben sicher nichts Besseres zu tun hatte, als aus dem Hintergrund meinen Kampf mit dem Hummer belustigt zu beobachten.

Israel

In Israel war ich einmal geschäftlich und viele Jahre vorher, Ende der 70er Jahre, privat. Meine Mutter sang zu der Zeit in einem Nürnberger Konzertchor, und so bekam ich die Gelegenheit, an einer 2-wöchigen Konzertreise ins Heilige Land teilzunehmen. Diese Reise war überhaupt meine erste Flugreise und führte mich zu allen wichtigen Sehenswürdigkeiten des Landes, von der nördlichen Grenze zum Libanon bis in den äußersten Süden, dem Badeort Eilat am Roten Meer. Eine Beschreibung der Reise, die hervorragend organisiert war und damit einen interessanten Eindruck von der Geschichte, den Heiligen Stätten und dem modernen Israel bot, würde letztlich zum Reiseführer werden und somit den Rahmen dieses Buches sprengen. Eine besondere Note bekam die Reise jedoch durch einige geplante Konzerte, immer wieder spontane Darbietungen, durch den Kontakt mit der Bevölkerung bei gemeinsamen Veranstaltungen, aber auch infolge einiger Übernachtungen als Gäste in privaten Haushalten.

Spuren der Vergangenheit

In gewisser Weise bot mir diese Reise aber auch die Möglichkeit, einen Aspekt der Geschichte meiner Familie kennenzulernen. Über meinen Großvater hatte ich Kontakt mit seinem Jugendfreund aufgenommen, der seit dem 2. Weltkrieg in Israel lebt, und mit dem er über die vielen Jahre nur schriftlich verkehrt hatte. Mit den besten Grüßen meiner Familie im Gepäck bin ich seiner Einladung gefolgt und habe ihn zu Hause besucht. Auch dabei habe ich viele Informationen über das normale Leben in einem Land bekommen, über das sonst nur in Verbindung mit Konflikten und kriegerischen Auseinandersetzungen berichtet wird.

Sicherheitskontrolle einmal anders

Insbesondere bei meinem geschäftlichen Besuch war es für mich auffällig, wie anders – verglichen mit der Vorgehensweise in anderen Ländern - die Sicherheitskontrollen am Flughafen waren. Jeder Passagier wird hier von den Sicherheitskräften eingehend befragt und muss detaillierte Angaben zu Reiseablauf und Kontakten im Land machen, aber auch Fragen beantworten, wer das Gepäck gepackt hat, ob es nach dem Packen durchgehend unter Aufsicht stand usw.

Mir hatte mein lokaler Kollege ein Schreiben vorbereitet, das die Befragung etwas einfacher gestalten sollte. Ich habe dieses Schreiben dann auch bei der Kontrolle vorgelegt. Ein Problem entstand dann aber dadurch, dass ich nicht genau wusste, was in dem auf Hebräisch abgefassten Schreiben stand. Der Sicherheitsbeamte begann, mit Blick auf den Brief Fragen zu stellen und ohne Reaktion meine Antworten zu notieren. Nach einer gewissen Zeit bat er mich, etwas zu warten, und verschwand für eine gefühlte Ewigkeit. Während dieser Wartezeit gingen mir natürlich alle Szenarien durch den Kopf, was nun geschehen würde, wenn ich Antworten gegeben hätte, die nicht mit denen in dem hebräischen Brief übereinstimmten. Ein paar Minuten später kam dann ein anderer Sicherheitsbeamter. Er hatte den Brief in der Hand und begann erneut mit der Befragung. Vielleicht hatte ich mich auch dadurch verdächtig gemacht, dass ich einen detaillierten Plan des Flughafens bei mir hatte, den mir die Flughafenverwaltung als Basis für eine technische Ausarbeitung mitgegeben hatte, oder durch das noch eingepackte Werbegeschenk des Flughafens, oder …

Am Ende ließ man mich doch weiter ziehen. Ich war zwar von der Befragung einerseits ziemlich genervt, andererseits dachte ich, dass sie wohl schon wissen, was sie tun, und dass dieses Verfahren auf jeden Fall eine höhere Sicherheit für meinen Flug gewährleistet.

Bombenalarm – die tägliche Routine

Eine bemerkenswerte Aktion konnte ich auch beobachten, als offensichtlich ein verdächtiges Gepäckstück oder Fahrzeug gemeldet wurde. Die betroffenen Bereiche wurden beeindruckend professionell und in sehr kurzer Zeit geräumt und nach der Entwarnung wieder freigegeben. Mein Kollege erklärte mir, dass derartige Maßnahmen die tägliche Praxis der Sicherheitsteams wären, und dass die verschiedenen Vorgehensweisen detailliert festgelegt und optimal eingeübt seien. Für mich stellte sich damals die Frage, was besser sei - in einem Land zu leben, in dem die Bedrohungslage so hoch ist, die Behörden aber sehr gut geschult sind, um optimal reagieren zu können, oder unter einer geringeren Bedrohung zu stehen mit der Konsequenz, dass die für die Sicherheit verantwortlichen Dienste eben keine tägliche Erfahrung haben, wenn es doch einmal zu einer Bedrohungssituation kommt.

Irland

Eine Dienstreise führte mich für einen Tag in die irische Hauptstadt Dublin. Besondere Erinnerungen an diesen Kurzaufenthalt habe ich allerdings nicht.

Anders sieht es schon aus, wenn ich an einen 2-wöchigen Urlaub in Irland Anfang der 90er Jahre zurückdenke. Meine Frau und ich sind damals mit dem PKW praktisch einmal rund um die Insel gefahren und haben dabei die interessanten und landschaftlich sehr schönen Highlights Irlands von Cork im Süden über den Ring of Kerry im Westen und den Cliffs of Moher im Norden bis nach Newgrange im Osten erlebt, wobei wir uns für die Übernachtungen lokal nach Bed&Breakfast-Angeboten umgesehen haben.

Viele der Unterkünfte, die B&B bieten, sind das, was sich bei uns Frühstückspension nennt. Aber gerade bei unserer ersten Übernachtung haben wir die ursprüngliche Art des B&B kennengelernt, die uns etwas erstaunt hat. Nachdem wir an einem Einfamilienhaus geläutet und mit der Hausfrau vereinbart hatten, bei ihr zu übernachten, hat sie uns Tee serviert und gebeten, etwas zu warten. Dann räumte sie ihre persönlichen Sachen aus ihrem eigenen Schlafzimmer, überzog die Betten frisch und überließ uns dann dieses Zimmer. Sie selbst zog mit ihrem Mann in einen wohl für diesen Zweck hinter dem Haus stehenden Wohnwagen.

Bei der Fahrt, insbesondere auf den kleineren Landstraßen, ist uns als Eigenart im irischen Straßenbau aufgefallen, dass die an die Straße angrenzenden Felder vielfach durch Mauern aus aufgeschichteten Steinen abgetrennt waren. Wir konnten daher, zumindest während der Autofahrt, leider nur wenig von der Gegend sehen. Später haben wir uns überlegt, ob wir auch aus diesem Grund nochmals mit dem Wohnmobil nach Irland fahren sollten, denn von der erhöhten Sitzposition hätten wir diese Einschränkungen im Blickfeld nicht gehabt, aber irgendwie hat es sich nicht mehr ergeben.

Unsere Rückfahrt war dann eine Reise mit Hindernissen. Als wir im Fährhafen von Rosslare zu unserer Direktfähre nach Le Havre einchecken wollten hat man uns darüber informiert, dass die Abfahrt an diesem Tag aus technischen Gründen gestrichen wurde. Als Alternative bot man uns an, entweder auf die Abfahrt am folgenden Tag umzubuchen, oder aber die Fähre nach Großbritannien zu nehmen, dort von der Westküste nach Dover mit dem Auto zu fahren, und von Dover aus mit der Kanalfähre nach Frankreich überzusetzen. Wir entschieden uns für die zweite Variante, waren auf diesem Weg dann zwar auch am nächsten Morgen in Nordfrankreich, hatten aber eine wesentlich weniger erholsame Nacht hinter uns, als wenn wir gemütlich in einer Kabine auf der Nachtfähre geschlafen hätten. Damit waren die Probleme aber noch nicht zu Ende. Nachdem wir einige Kilometer Richtung Deutschland gefahren waren, lag vor uns auf der Autobahn in der Mitte der Fahrspur ein Ziegelstein. Ich konnte diesen zwar zwischen die Räder nehmen und irgendwie darüberfahren. Der Stein hatte aber trotzdem den Unterboden des Autos getroffen, und es war auf den ersten Blick nicht möglich zu beurteilen, was wie stark beschädigt war. Aber unser Auto fuhr noch, und so haben wir den Heimweg so schnell wie möglich und mit sehr belasteten Nerven zurückgelegt und sind zwar völlig geschafft, aber doch wohlbehalten zu Hause angekommen.

Irak (Kurdistan)

Meine insgesamt drei Dienstreisen in den Irak waren sicher Reisen einer besonderen Art. Genaugenommen ging es nach Erbil, der Hauptstadt der autonomen Provinz Kurdistan im Norden des Irak, also quasi „Irak light". Die Zitatelle von Erbil gehört zum UNESCO-Weltkulturerbe als die älteste ständig bewohnte Siedlung der Welt. Aufgrund der relativ ruhigen und sicheren Lage wurde Erbil in den Jahren nach dem Golfkrieg zu einem Stützpunkt für die internationale Politik und Wirtschaft im Irak.

Als ich dort war, gab es keine Kampfhandlungen oder Anschläge – gleichwohl gehört das Gebiet zum Irak, und wie zerbrechlich die Ruhe und der Frieden auch dort waren wurde mir richtig bewusst, als einige Zeit später das Regierungsgebäude, in dem wir eine Besprechung mit Regierungsvertretern hatten, Ziel eines Selbstmordattentats wurde, bei dem zahlreiche Menschen getötet und die Gebäude schwer beschädigt wurden.

Personenschutz

Ein sehr wichtiges Thema ist der Personenschutz, auf den auch meine Firma bei der Entsendung großen Wert gelegt hat. Bei meinem ersten Besuch war ich durch Vermittlung der Bundesregierung Gast der Regierung in Erbil, und so war auch das Thema Personenschutz durch die Regierung abgedeckt. Bei den anderen beiden Reisen hat meine Firma für mich und meinen Kollegen einen privaten Sicherheitsdienst beauftragt, uns zu schützen. Wenn man es nicht gewohnt ist, dann ist es schon ein eigenartiges Gefühl, rund um die Uhr von einem bewaffneten Schatten begleitet zu sein, der nachts vor der Hotelzimmertüre sitzt und einen selbst auf dem Weg zur Toilette in einem Restaurant begleitet. Bevor wir irgendwohin gehen konnten, mussten wir dies mit den Leuten besprechen, so dass diese auch ggf. vorher die Strecke abfahren oder unser Ziel in Augenschein nehmen konnten um zu prüfen, ob es Sicherheitsbedenken gäbe, oder ob sie unseren Plan akzeptieren könnten. Dabei war der Sicherheitsdienst der Regierung um einiges lockerer – oder vielleicht auch einfach professioneller. Obwohl auf Aktivitäten außerhalb eines gesicherten Gebäudes, die nicht unbedingt mit der dienstlichen Mission zu tun haben, verzichtet werden sollte, war es bei meinem ersten Aufenthalt zumindest möglich, mit einem Mitarbeiter unserer irakischen Partnerfirma wenigstens eine kleine Stadtrundfahrt zu unternehmen und uns die über 8000 Jahre alte Zitatelle anzusehen, sowie auf einem kurzen Rundgang auch die Altstadt von Erbil kennenzulernen.

Strategien für mehr Sicherheit

Die Selbstverständlichkeit, mit der bewaffnetes Sicherheitspersonal allgegenwärtig ist, war für mich gewöhnungsbedürftig. Aber auch sonst sind die Strategien, um die Sicherheit zu erhöhen, interessant. So werden Gebäude, wie z.B. die internationalen Hotels, aufwändig überwacht, und am neuen Flughafen von Erbil wurde ein ganz anderes Sicherheitskonzept implementiert, als ich es von allen anderen Flughäfen, auf denen ich war, kenne. Unmittelbar nach der Einfahrt auf das Gelände des Flughafens und noch weit entfernt vom Terminal, ist bereits „Endstation" für alle PKW, Busse, Taxen und auch für Begleitpersonen. In einem großen, alleinstehenden Gebäude werden alle Passagiere und das gesamte Gepäck sowohl mit modernsten technischen Geräten als auch manuell von Sicherheitspersonal sorgfältigst überprüft. Vom Ausgang der Halle bringen dann Shuttle-Busse die überprüften Passagiere zusammen mit ihrem Gepäck in das mehrere Kilometer entfernte Terminal. Dort erfolgt dann der Check-in und die Abfertigung der Fluggäste in der üblichen Weise.

Die kurioseste Beobachtung habe ich allerdings am Eingang unseres Hotels gemacht. Im Hotel selbst ist das Tragen von Waffen verboten, außerhalb jedoch üblich. Somit stellt sich die Frage, wohin damit? Eine zweckmäßige, aber für den Außenstehenden doch etwas merkwürdige Lösung hatte man in unserem Hotel gefunden. Neben dem Eingang gibt es eine Art Garderobe – nur eben nicht für Kleidung, sondern für Waffen. Der Besucher des Hotels gibt dort seine Waffe ab und erhält im Gegenzug eine Garderobenmarke, mit der er sie sich beim Verlassen des Hotels wieder aushändigen lassen kann.

Ankawa

Ich hatte vor meinem Besuch nicht gedacht, dass in Ankawa, einem Vorort nördlich von Erbil, über 40.000 Christen leben. In dem muslimischen Irak ist dort ein Ort entstanden, der sich wesentlich von den üblichen Städten im Irak unterscheidet. Man sieht im Straßenbild christliche Kirchen und auch – was man vielleicht in einem arabischen Land noch weniger erwartet – Spirituosenläden.

Alltagsrisiko

Jeder, dem ich von meiner anstehenden Irakreise erzählte, sorgte sich um meine Sicherheit. Mit jedem Anruf und jeder E-Mail musste ich Familie und Freunde beruhigen und bestätigen, dass alles in Ordnung sei und mir keine Gefahr drohe.

Als ich jedoch an einem späten Nachmittag - gut bewacht - auf dem Balkon meines Hotelzimmers in Erbil saß, bei sonnigem Wetter und angenehmer Temperatur, mit einer Dose gut gekühltem

Bier in der Hand, auf die ruhig vor mir liegende Stadt hinausblickte und meinen Feierabend genoss, hatte ich mich schon gefragt, ob ich hier - verglichen mit Deutschland - tatsächlich einem höheren Alltagsrisiko ausgesetzt sei. Die deutschen Nachrichten, die ich dort über das Internet verfolgen konnte, berichteten über den Wintersturm Kyrill und über die Verwüstungen, die dieser in Deutschland verursacht hatte. So seien mehrere Leute von umstürzenden Bäumen erschlagen worden, Bahnstrecken waren blockiert, und das öffentliche Leben erheblich eingeschränkt. Irgendwie fühlte ich mich dort, wo ich war, sicherer.

Hongkong

Von Hongkong kenne ich lediglich den Flughafen, das Fährterminal, die Strecke dazwischen und das, was man von da aus sieht. Angekommen aus Deutschland fuhren wir direkt zum Fährterminal in der Stadt und von dort mit der Expressfähre nach Macao – und dasselbe zwei Tage später zurück. Es war mein längster Flug überhaupt, aber die Gelegenheit, mir etwas von dieser Stadt, die so anders ist als die Städte in den Gebieten, die ich sonst besuchte, anzusehen, ergab sich leider nicht. Die nachhaltigste Erinnerung an Hongkong waren somit zwei Souvenirs. Eine Kaffeetasse mit einem Bild der Stadt, die bis heute im Gebrauch ist, und zwei lustige Püppchen für meine damals noch kleine Tochter, denen sie die Namen Hong und Kong gab, und die sie lange „in Ehren" hielt.

Großbritannien

Auch meine geschäftlichen Reisen nach Großbritannien haben sich auf ein- oder zweitägige Kurztrips nach London beschränkt, bei denen außer Flughafen, Taxi, Besprechungszimmer und evtl. Hotel keine wirklich erlebnisreichen Orte auf dem Programm standen.

Als Geschenk zur Erstkommunion meiner Tochter flog ich mit ihr nach London und verbrachte einige für sie und mich unvergessliche Tage. Einer der Höhepunkte war sicher der Besuch von Legoland in Windsor. Aber auch während eines Tages in Londons Zentrum unternahmen wir interessante Besichtigungen wie z.B. von Tower und Tower-Bridge, wir fuhren mit dem Golden Eye – einem gigantischen Riesenrad mit einer phantastischen Aussicht am Ufer der Themse - und schauten uns zahlreiche andere Sehenswürdigkeiten im Rahmen einer Stadtrundfahrt an. Die für mich außergewöhnlichste Unternehmung war jedoch eine Rundfahrt mit einem Amphibien-Fahrzeug, zum Teil auf der Straße, zu einem großen Teil aber auf der Themse.

Griechenland

Meine persönliche Bilanz für Griechenland beläuft sich, über die Jahre verteilt, auf drei kurze Dienstreisen nach Athen und einer einwöchigen Urlaubsreise Ende der 80er Jahre auf die Insel Kreta.

Hauptsache nach Griechenland

Auf dem Hinflug nach Heraklion, damals noch vom alten Flughafen in München-Riem, hörte ich vor dem Start die wohl amüsanteste Durchsage all meiner Flüge. „Meine Damen und Herren, ich möchte Sie kurz um Ihre Aufmerksamkeit bitten: Am benachbarten Check-in wurde eine Maschine abgefertigt, die zur gleichen Zeit wie wir nach Athen abfliegt. Ich möchte nur kurz sicherstellen: Wir fliegen nach Heraklion. Sollte sich jemand an Bord befinden, der überhaupt nicht nach Heraklion möchte, möge er sich bitte beim Bordpersonal melden". Soweit ich es mitbekommen habe, hat sich niemand gemeldet. Die Frage an sich hat mir allerdings schon etwas zu denken gegeben, als wie verlässlich die Abfertigung und die Kontrollen beim Boarding einzuschätzen sind, und erweckte in mir doch einen leichten Zweifel, ob nicht vielleicht unser Gepäck auf dem Weg nach Athen sei.

Wie gewonnen, so zerronnen.

Bei der ersten meiner Dienstreisen nach Athen hatte mich ein griechischer Kollege gewarnt, dass man normalerweise von den am Flughafen wartenden Taxifahrern über´s Ohr gehauen werde. Er empfahl mir, als erkennbar Orts- und Sprachunkundiger mich auf keine Diskussion mit dem Fahrer einzulassen. Ich sollte mich zu ihm fahren lassen, und er würde für die Taxifahrt dann einen realen Preis bezahlen. Nachdem alle wortreichen, aber für mich unverständlichen Aufforderungen, den geforderten Fahrpreis zu bezahlen, von mir ignoriert wurden, musste der Fahrer - vermutlich bereits mit einer dunklen Vorahnung, welche Konsequenzen dies für ihn wohl haben werde - doch auf meinen Kollegen warten. Der dann auf beste südländische Art geführte Wortwechsel glich für mich einer bühnenreifen Inszenierung mit dem Titel „Wer betrügt hier wen?". Schließlich musste sich der Taxifahrer mit dem üblichen Fahrpreis zufrieden geben und auf den wohl schon fest eingeplanten „Greenhorn-Bonus" in diesem Fall schweren Herzens verzichten, nicht ohne uns – vermutlich – lautstark alles Schlechte dieser Welt zu wünschen.

Kurioses um den neuen Flughafen Athens

Seit 2001 hat Athen einen neuen Flughafen, der etwa 30 km östlich der griechischen Hauptstadt in einer Hochebene errichtet wurde. Man hatte bereits viele Jahre vor dem eigentlichen Bau mit den vorbereitenden Erdarbeiten begonnen, diese Arbeiten dann aber wieder eingestellt. Erst im Jahre 1995 wurde der Auftrag für den Neubau an ein Konsortium unter Führung der deutschen Baufirma HOCHTIEF erteilt.

Anfang der 90er Jahre hatte ich Gelegenheit, das Gelände des geplanten Flughafens zu besichtigen, und die Aufgabe, mich mit den lokalen Gegebenheiten vertraut zu machen. Das Gelände war infolge der früheren Bauarbeiten nicht mehr im ursprünglichen Zustand, sondern durch umfangreiche Erdbewegungen schon zu einer Art Wüstenlandschaft geworden. Auf diese, lange Jahre ungenutzte aber auch unberührte Landschaft wurden wohl auch Leute aufmerksam, die mit dem Flughafenprojekt absolut nichts zu tun hatten. Wir stießen bei unserer Rundfahrt „durch die Wüste" z.B. auf eine authentische Tankstelle aus der amerikanischen Wüste Mitte des letzten Jahrhunderts, die hier, wie man mir sagte, als Kulisse für einen Film genutzt wurde. Aber auch zwei eher ungewöhnliche Aufgaben stellten sich für die Planer und Baufirmen, die sich um diesen Auftrag bewarben. Zum einen stand auf dem Gelände eine Kapelle „im Weg" und musste nach den Vorgaben der griechischen Auftraggeber erhalten und deswegen um ein paar hundert Meter versetzt werden. Noch außergewöhnlicher war eine Auflage, die sich aus den Vorgaben der Flugsicherheit ergab. In die Einflugschneise der einen Landebahn ragte die Spitze eines Berges, die das nicht durfte. Daher war es erforderlich, von diesem Berg über 4 Mio. m³ Fels abzutragen, so dass er keine Gefahr mehr für landende Flugzeuge darstellt.

Georgien

Nach Georgien, dem Staat, der an der Ostküste des Schwarzen Meeres zwischen Russland und der Türkei gelegen ist, hat mich mein Weg nur zweimal jeweils für wenige Stunden geführt. Einmal flog ich absichtlich von Baku aus für eine Präsentation in die georgische Hauptstadt Tiflis. Mein zweiter Aufenthalt am Flughafen von Tiflis für vielleicht zwei Stunden zwischen Mitternacht und Morgengrauen war dagegen völlig unbeabsichtigt – mein Flug von Wien nach Baku konnte wegen Nebels in Baku nicht landen, und wir wurden nach Tiflis umgeleitet, um auf besseres Wetter zu warten. Berichtenswerte Erinnerungen an Georgien habe ich an die beiden Kurzaufenthalte jedoch nicht.

Frankreich

In Frankreich – konkret in Paris, einige Male auch im grenznahen Elsass und einmal auch zu einem Wohnmobilurlaub in Korsika – war ich dagegen sehr oft. Das erste Mal mit einer Gruppe Freunde während meines Studiums. Dann einige Male für ein paar Tage mit der Familie. Am längsten allerdings, als ich für mehrere Monate intensiv mit einer französischen Baufirma zusammenarbeitete, dort ein temporäres Büro hatte und jede Woche zwei bis vier Tage dort verbrachte. Das Büro der Baufirma lag in einem Außenbezirk und mein Hotel direkt daneben, so dass ich nach einem langen Arbeitstag meist keine Gelegenheit hatte, wirklich etwas von Paris zu sehen – aber einige Male konnte ich doch einen abendlichen Trip in die Stadt unternehmen und – besonders wenn mich ein französischsprachiger Kollege begleitete – auch vorzüglich speisen.

Finnland

Außer einem kurzen geschäftlichen Aufenthalt in Helsinki habe ich Finnland hauptsächlich während zweier Nordland-Rundreisen er-"fahren". Während der langen VW-Busreise mit einem Freund lag nur der Norden des Landes auf unserer Route, einige Jahre später durchquerte ich Finnland mit meiner Frau im Wohnmobil von Helsinki im Süden bis weit nach Norden an die norwegische Grenze.

Für mich als jemand, der sich beruflich mit Flughäfen beschäftigt, war ein Flughafen im Norden Finnlands besonders bemerkenswert. Wenn man auf der Europastraße E4 fährt, kommt man irgendwann an eine Stelle, an der, was in dieser Gegend eher selten ist, eine Ampel am Straßenrand steht - zusammen mit dem Warnschild „Achtung Flugverkehr". Kurz darauf wird die Straße etwas breiter, und eigenartige Markierungen und Bremsspuren irritieren den unvorbereiteten Autofahrer. Noch etwas weiter führt seitlich eine, für Kraftfahrzeuge allerdings gesperrte, breite Straße zu einer größeren, betonierten Fläche, an der ein Gebäude mit einer Aussichtskanzel liegt. Spätestens dann erkennt man, dass es sich um einen kleinen Flughafen handelt, für den die Straße bei Bedarf als Landebahn dient. Nach anfänglicher Verwunderung muss man angesichts der geringen Verkehrsdichte und des vermutlich noch wesentlich geringeren Flugverkehrs zugeben: warum denn eigentlich nicht?

Estland

Die estnische Hauptstadt Tallin habe ich zweimal geschäftlich und einmal während des Aufenthalts auf unserer Ostsee-Kreuzfahrt besucht. Allerdings waren alle Besuche erst lange nach der Unabhängigkeit des Landes, als es bereits der Europäischen Union beigetreten war und man schon mit Euro bezahlen konnte, so dass ich hier keine Entwicklung von der sowjetischen Zeit bis heute verfolgen konnte, wie ich es z.B. bei Litauen beschrieben habe.

Tallin habe ich als eine moderne, weltoffene Stadt erlebt, die über eine sehr sehenswerte Altstadt verfügt. Der Einfluss des Deutschen Ordens und der Hanse sind in dem mittelalterlichen Stadtbild gut zu erkennen, so dass die Stadt für den deutschen Besucher einen überraschend vertrauten Eindruck macht.

DDR

Nur die heute über 30-jährigen kennen die Deutsche Demokratische Republik noch aus eigener Erfahrung, und dann auch nur, wenn sie entweder dort zu Hause waren, oder als „Wessi" eine der Transitrouten von der Bundesrepublik nach West-Berlin genutzt oder selbst Ost-Berlin oder das Gebiet der DDR besucht haben, z.B. um Verwandte zu treffen.

Ich selbst war zu Zeiten der DDR insgesamt fünf Mal in West-Berlin und habe von dort aus im Rahmen eines Tagesaufenthaltes auch zwei Mal Ost-Berlin besucht. Die Zonengrenze war mir von Kind an vertraut, denn meine Großeltern lebten nur wenige Kilometer davon entfernt im oberfränkischen Hof, und ich kann mich gut an zahlreiche Ausflüge an die Grenze und an die mit riesigem Aufwand und ohne Rücksicht auf Mensch und Natur errichteten bedrohlichen Sperranlagen erinnern. Die Art, wie mir mein Großvater aus der Zeit „vor der Grenze" erzählte, einer Zeit, die ich nicht mehr erlebt hatte, dürfte vergleichbar sein mit der meiner Erzählungen an meine Kinder aus der Zeit, in der Deutschland noch in Ost und West geteilt war.

Im Transit durch eine andere Welt

Es war ein eigenartiges Gefühl, wenn man auf der Autobahn die westdeutsche Grenzkontrollstelle passiert hatte und an Schildern vorbei mit der Aufschrift „Vergessen Sie nicht, Sie fahren weiter durch Deutschland" zu der Stelle kam, an der sich die Autobahn auf eine schmale Fahrspur verengte, und man durch eine bei Bedarf mit einem massiven Eisentor verschließbare Durchfahrt in einer Mauer eine andere Welt erreichte. Man spürte, dass man von nun an einem anderen System ausgeliefert war und man wusste, dass jeder Zwischenfall schnell zu einem internationalen Problem werden konnte.

Mit derartigen Gefühlen erreichte man dann, nachdem das Fahrzeug, wie man heute weiß, bereits automatisch von überdimensionalen Röntgengeräten durchleuchtet worden war, die Grenzkontrollstelle der DDR. Man kam zu einem ersten Schalter, bei dem man seinen Reisepass und den Fahrzeugschein abgeben musste, und rückte dann Fahrzeug für Fahrzeug vor, bis man einen zweiten Schalter erreichte und dort seine Papiere wieder ausgehändigt bekam. Die Fahrt auf der sogenannten Interzonen-Autobahn war alles andere als erholsam. Es gab genaue Verhaltensregeln, nach denen man nur auf bestimmten Parkplätzen halten durfte, jeden Kontakt mit der Bevölkerung zu unterlassen hatte, und es auch nicht erlaubt war, z.B. Zeitungen und Zeitschriften in sozialistische Abfalleimer zu werfen, um nicht möglicherweise Bürger des „Arbeiter- und Bauernstaates" mit Informationen aus der westlichen Propagandapresse mit kapitalistischem Gedankengut zu verderben. Zusammen mit den allgegenwärtigen Geschwindigkeitskontrollen führte dies alles dazu, dass man die ganze Zeit damit beschäftigt war, nichts falsch zu machen, bis man dann einige Stunden später wieder West-Berliner oder West-Deutsches Hoheitsgebiet erreicht hatte.

Auf drei meiner Rückfahrten hatte ich jedoch Erlebnisse, welche die an sich schon nervenbelastende Fahrt noch zusätzlich mit etwas Adrenalin würzten. Einmal fuhr ich mit meinem Onkel nach Berlin, um meinen Großvater und sein Auto abzuholen, da er sich die lange Strecke nicht mehr selbst zutraute. Auf der Rückfahrt hatte ich als Fahrer des schon etwas älteren Golfs die Grenzkontrollstelle Drewitz im Süden Berlins gerade hinter mir gelassen, als der Motor plötzlich an Leistung verlor und, nachdem ich noch auf den Seitenstreifen fahren konnte, abstarb. Nachdem der Wagen eine Zeit lang stand, und so der Motor etwas abgekühlt war, ließ er sich jedoch wieder starten, und ich konnte weiterfahren. Zumindest bis der gleiche Effekt nach ein paar Kilometern wieder auftrat. Diesmal konnte ich gerade noch eine für Transitreisende zugelassene Raststätte erreichen, auf der mich mein Onkel bereits beunruhigt erwartete, nachdem er mich wegen des ungeplanten Zwischenstopps aus den Augen verloren hatte. Das Problem mit dem Golf konnten wir nicht lösen, und so hangelte ich mich von Abkühlstopp zu Abkühlstopp, bis die Intervalle immer kürzer wurden, und wir gerade einmal die Hälfte der Strecke zurückgelegt hatten. Die bis zur ersehnten Grenze noch gut 100 km hat mich mein Onkel dann abgeschleppt und durch die ostdeutsche und die westdeutsche Kontrolle gezogen. Das Problem mit dem Golf war dadurch zwar nicht gelöst, wir konnten jedoch einfach zur nächsten Werkstatt fahren und haben es schließlich geschafft, das Fahrzeug, wenn auch mit Schwierigkeiten, zum Ziel bringen.

Eine andere Rückreise wurde dadurch erschwert, dass ich in Berlin meine Brieftasche mit Pass, Führerschein und Fahrzeugpapieren verloren hatte. So musste ich mir in West-Berlin Ersatzpapiere ausstellen lassen und diese bei der ostdeutschen Grenzkontrolle, natürlich gegen eine in Westwährung zahlbare Bearbeitungsgebühr, bestätigen lassen, bevor mir die Durchreise erlaubt wurde.

Auch bei einer dritten Rückreise, diesmal mit meiner Ehefrau und deren Eltern, gab es einen Moment, in dem unser Adrenalinspiegel anstieg. Als wir bei der Einreise in die DDR die Reisepässe abgaben, hatte meine Frau versehentlich nur drei statt vier Reisepässe der Grenzbeamtin ausgehändigt. Der Pass meiner Schwiegermutter war auf ihrem Schoß liegen geblieben. Die Beamtin ließ uns eine

Zeit lang kommentarlos einfach stehen, dann begann sie, uns mit Fragen zu verunsichern wie „Einer von Ihnen möchte hierbleiben?", „Warum möchten Sie denn nicht hierbleiben, gefällt es Ihnen denn nicht in der DDR?", bevor sie uns dann konkret auf den fehlenden Pass ansprach. Ich nehme an, das war von ihr eigentlich lustig gemeint – es gibt aber doch selbst für humorvolle Leute wie mich durchaus Situationen, in denen man einfach keinen Spaß versteht.

Berlin – Hauptstadt der DDR

Zweimal besuchte ich von West-Berlin aus den Osten der Stadt, einmal davon noch zwei Monate vor dem Fall der Mauer. Man konnte nach der Einreise über den Übergang am S-Bahnhof Friedrichstraße nicht viel mehr machen, als die Straße „Unter den Linden" vom Brandenburger Tor bis zum Alexanderplatz auf- und ab zu gehen und sich die historischen Gebäude, aber auch die Bauwerke aus der DDR-Zeit, wie z.B. den Palast der Republik, anzusehen. Die größte Herausforderung aber war es, die 15 Ostmark, die man bei der Einreise als „Zwangsumtausch" pro Person und Tag einwechseln musste, halbwegs vernünftig auszugeben. Das war mit einem Imbiss und der einen oder anderen Eintrittskarte praktisch unmöglich. Eine gute Möglichkeit war es jedoch, sich dafür Bücher zu kaufen, denn viele Fachbücher, die wir hier auf der Hochschule verwendet haben, wurden vom VEB Fachbuchverlag Leipzig herausgegeben und waren in der DDR, wenn auch in einer qualitativ weniger hochwertig verarbeiteten DDR-Ausgabe, erheblich günstiger erhältlich.

Dänemark

Auch unser nördliches Nachbarland Dänemark war zum einen ein Land, das auf dem Weg nach Skandinavien liegt, und das ich so auf einigen Fahrten nach Norwegen und Schweden durchfahren habe. Aber auch als Urlaubsziel mit dem Wohnmobil und bei einem Besuch mit meinem damals noch unter sechs Jahre alten Sohn im ursprünglichen Legoland in Billund habe ich Dänemark kennen gelernt.

Besonders gut in Erinnerung ist mir die Besichtigung der Brauerei Carlsberg in Kopenhagen bei meinem ersten Aufenthalt in Dänemark. Wir waren zu spät, um an einer normalen Führung teilzunehmen, und so hat man uns angeboten, uns einer japanischen Reisegruppe anzuschließen. Wir hatten also eine Führung in Englisch quasi „mit japanischen Untertiteln". Der Führer erklärte zuerst uns und der Reiseführerin alles Wissenswerte in englischer Sprache, und die Reiseführerin übersetzte die Erklärungen dann auf Japanisch für ihre Gruppe. Ich war damals beeindruckt, wie unverständlich Japanisch ist. Bei einer europäischen Sprache kann man – auch wenn man die Sprache an sich nicht spricht – immerhin am Tonfall, der Satzgliederung und einigen vielleicht doch bekannten Wörtern die Übersetzung verfolgen, aber eine so völlig unverständliche Sprache war eine neue Erfahrung.

Belgien

Am Anfang meiner Berufstätigkeit hatte ich die Möglichkeit, einige verschiedene Bereiche und Tätigkeiten in unserem Unternehmen kennen zu lernen. So wurde ich auch Ende der 80er Jahre für 4 Monate zu einer Tochterfirma nach Belgien, in der Nähe von Brüssel, entsandt. Während dieser Zeit, aber auch bei vielen späteren Besuchen habe ich viel von Brüssel gesehen, aber auch andere interessante Städte wie Brügge, Gent oder Antwerpen besucht.

Die unvergessliche erste Nacht

Unvergesslich wird für mich meine erste Nacht in Brüssel sein. Ich fuhr mit dem Auto ins Ungewisse – nie vorher war ich in Belgien und wusste nicht, was mich erwartet, nur, dass ich auf dem Weg in meine Heimat für die nächsten Monate war. Man hatte mir für die erste Zeit ein Zimmer in einem kleinen Hotel in unmittelbarer Nähe meines Arbeitsplatzes reserviert, und dort traf ich erschöpft von der langen Anreise am späten Nachmittag eines Sonntags ein. Der erste Eindruck war frustrierend. Das Zimmer war einer von mehreren im Hof hinter dem Haus aufgestellten Wohncontainern. Es war kalt, und statt einer Dusche oder eines Bades gab es eine kleine Sitzbadewanne. Alles zusammengefasst gab es überhaupt nichts, was den Aufenthalt auch nur etwas angenehm gemacht hätte. Am nächsten Tag machte ich mich als erstes mit einem Kollegen auf die Suche nach einer vernünftigen Unterkunft und fand glücklicherweise eine Dachwohnung in Brüssel, nicht weit von den Gebäuden der Europäischen Union. Dementsprechend hoch war die Miete – aber die Wohnung war günstig gelegen und eigentlich ganz gemütlich. Der größte Vorteil war aber, dass ich sofort einziehen konnte und mich nicht noch länger mit meinem Container arrangieren musste. Von da an wurde alles besser.

Smart

In eine erinnerungswerte Situation kam ich eines Abends am Flughafen, als ich aus Tashkent kommend in Brüssel landete. Aus Neugier hatte ich mir bei der Autovermietung einen Smart reserviert und für diesen am Schalter auch Schlüssel und Papiere abgeholt. Aufgrund der späten Stunde wurde der Schalter nach mir geschlossen, und auch im Parkhaus für die Leihwägen war es menschenleer. Problemlos fand ich meinen Smart und entriegelte die Türen ganz normal mit der Fernsteuerung. Damit hatte die „Problemlosigkeit" schon ein Ende. Im Laufe der Jahre habe ich schon alle möglichen Leihwägen gefahren, aber dieses Fahrzeug stellte mich kurz vor Mitternacht, müde von einer langen Reise, in einem menschenleeren Parkhaus vor ungeahnte Herausforderungen. Die erste Hürde war es, den

Kofferraum aufzumachen. Nach vielen Versuchen, die Kofferraumklappe wie normal zu öffnen, habe ich dann herausgefunden, dass man nur die Heckscheibe nach oben und den unteren Teil nach Betätigung zweier versteckter Entriegelungen nach unten klappen kann. Nachdem ich meinen Koffer verstaut hatte, setzte ich mich auf den Fahrersitz und – fing an, das Zündschloss zu suchen. Wieder nach einiger Suche fand ich in der Mittelkonsole eine Aufnahme für den Schlüssel. Für das Anlassen des Fahrzeuges gab es an anderer Stelle einen Knopf. Ich glaubte mich schon am Ziel und wollte den Wagen starten aber – vermisste das Kupplungspedal. Das Fahrzeug hatte zwar eine Gangschaltung, aber keine Kupplung. Damit war der Punkt erreicht, an dem ich dann doch die Bedienungsanleitung zu Rate gezogen und mich wenigstens kurz in die Funktionsweise des halbautomatischen Getriebes eingelesen habe. Ich habe noch nie so lange gebraucht, um mit einem Leihwagen losfahren zu können.

Andere Länder, andere Sitten

Aus unserer Sicht äußerst gewöhnungsbedürftig ist die Anordnung der Toiletten in manchen belgischen Restaurants. Während in allen anderen Ländern, die ich kenne, alle entsprechenden Einrichtungen klar nach Männlein und Weiblein getrennt sind und hinter entsprechenden Türen liegen, gibt es vielfach in Belgien zunächst einen Raum, in dem neben den Waschgelegenheiten auch die Einrichtungen für die „kleinen Geschäfte" der Männer angebracht sind. Erst hier gibt es dann Toilettenkabinen, die den unterschiedlichen Geschlechtern zugeordnet und entsprechend gekennzeichnet sind. Gewöhnungsbedürftig sowohl für die Damen, die erst einmal denken, sie hätten sich verlaufen, als auch für Männer, die in bestimmten Situationen üblicherweise kein weibliches Publikum haben.

Belarus - Weißrussland

Zweimal habe ich – jeweils für einen Tag – Minsk, die Hauptstadt der ehemaligen Sowjetrepublik Weißrussland, besucht. Die Stadt machte auf mich einen großzügigen, aber sehr unpersönlichen Eindruck, wobei ich sie praktisch nur vom Auto aus gesehen habe.

Am meisten erinnere ich mich an ein sehr gutes Erlebnisrestaurant, dem „Restaurant Complex Expedition", in das uns unsere Gastgeber zum Mittagessen eingeladen haben. In einem Wald am Rande der Stadt gelegen ist es nicht nur ein ausgezeichnetes Restaurant, sondern schon fast ein Museum im Stil eines Blockhauses. Die Räumlichkeiten und das Speisenangebot sind nur schwer zu beschreiben. Einige schöne Bilder und interessante Informationen findet man in Englisch auf der Homepage (www.expedition-rest.by).

Aserbaijan

Aserbaijan, ein Land, das 1991 aus der Aserbaijanischen Sowjetrepublik hervorgegangen ist, ist bezüglich Größe und Einwohnerzahl ganz grob mit Bayern vergleichbar. Es liegt an der Westküste des Kaspischen Meeres und grenzt an Iran, Armenien, Georgien und Russland. Da es für die Abgrenzung zwischen Europa und Asien, besonders zwischen dem Schwarzen Meer und dem Kaspischen Meer, verschiedene Definitionen gibt, ist es nicht möglich, Aserbaijan eindeutig einem der beiden Kontinente zuzuordnen. Das Land selbst orientiert sich jedoch selbst - vor allem wirtschaftlich - in Richtung Europa und ist z.B. Mitglied des Europarates und auch der UEFA. Landschaftlich ist Aserbaijan sehr abwechslungsreich und verfügt – wie mir eine Fremdenführerin in Baku stolz erzählte – über alle Klimazonen, die man auf der Erde kennt.

Abgesehen von der Betreuung eines einzelnen Projektes in Litauen Anfang der 90er Jahre war Aserbaijan das Land, in dem ich Mitte der 90er Jahre meine langjährigen und kontinuierlichen Aktivitäten in Ländern der ehemaligen UdSSR begann, die von da an den Schwerpunkt meiner Tätigkeit bis zu meinem Ausscheiden aus dem Berufsleben 2011 ausmachten. Im Laufe der vielen Jahre, in denen ich dieses Land immer wieder besuchte, bekam ich viele Eindrücke und hatte viele Erlebnisse, an die ich gerne zurückdenke.

Präsidentenkult

Auch wenn Aserbaijan versucht, sich mehr und mehr nach Westen zu orientieren, ohne natürlich auch seine guten Beziehungen zu Russland aufs Spiel zu setzen, findet man Verhaltensweisen, die für den westlichen Beobachter doch ziemlich eigenartig anmuten. Dazu gehört eindeutig der Personenkult, der um den Präsidenten inszeniert wird.

Als ich einmal in Baku landete und mit meinem örtlichen Kollegen vom Flughafen in die Stadt fuhr, fiel mir auf, dass am Straßenrand immer wieder größere, dunkelrote Flecken zu sehen waren. Mein Kollege erklärte mir, dass kurz vorher der Präsident von einer längeren Auslandsreise zurückgekommen sei, und zum Ausdruck der Freunde seines Volkes über seine Rückkehr die Straße in die Stadt von zigtausenden seiner Untertanen gesäumt wurde, die ihn jubelnd in der Heimat begrüßten. Die roten Flecken kamen daher, dass sich einige offensichtlich so sehr freuten, dass sie ihm zu Ehren bei der Vorbeifahrt vor seinen Augen einen Hammel schlachteten, dessen Blut nun auf der Straße festgetrocknet war. Nun ist es schwer zu beurteilen, inwieweit es manchen Aseris wirklich ein Bedürfnis ist, dem Präsidenten in dieser Form zu huldigen, oder ob es sich, wie ich persönlich vermute, bei derartigen Aktionen um eine reine Inszenierung handelt, aber in beiden Fällen zeigt es meiner Meinung nach deutlich, wie weit entfernt das Land, dessen Bevölkerung, aber auch die Regierung, von der

Denk- und Verhaltensweise einer westlichen, demokratischen Gesellschaft sind.

Geschäftspartnerschaft

Auch bezüglich der Verhaltensweisen zwischen Geschäftspartnern besteht ein erheblicher Unterschied zwischen unseren und denen, die ich in Ländern wie Aserbaijan kennengelernt habe. Bei meinen Gesprächen hatte ich Gesprächspartner, die im Rahmen ihrer Aufgabe Entscheidungen treffen können und die dies auch von mir erwarteten. Ein Geschäft kommt in diesem Kulturkreis de facto immer noch mit einer Vereinbarung zwischen zwei Personen und letztlich einem Handschlag zustande. Diese Vereinbarung hat - wenn es auch der deutschen Praxis immer mehr entgegensteht – mehr Verbindlichkeit als es der beste, optimal ausformulierte Vertrag je haben kann. Wenn ich die entsprechenden Details mit den jeweiligen Fachleuten besprochen hatte, dann wurde ein Gespräch mit der entscheidungsbefugten Person organisiert - das war in Aserbaijan meist ein Regierungsvertreter im Rang eines Ministers, zu dem ich im Laufe der Jahre ein gewisses Vertrauensverhältnis aufgebaut habe, und im Zuge dieser Besprechung eine abschließende Vereinbarung getroffen. Diese Vereinbarung dann in einem Vertrag zu formulieren und diesen rechtsverbindlich zu unterschreiben war dann nur noch eine Formsache. Hier liegt nach meiner Erfahrung ein wachsendes Problem für deutsche Firmen, denn infolge des zunehmenden Bedürfnisses, alles für jede Situation 100%ig richtig zu machen und „wasserdicht" abzusichern, wird die Entscheidungsbefugnis der einzelnen Mitarbeiter soweit beschnitten und ein Bearbeitungsprozess vorgegeben, der bei allen Schritten die Einschaltung von immer mehr Fachabteilungen und (Teil-) Entscheidungsträgern zwingend vorschreibt, so dass niemand mehr eine Entscheidung treffen kann, und dieses System die Vertriebsverantwortlichen in einer Geschäftskultur wie in Aserbaijan faktisch handlungsunfähig macht.

Spießrutenlauf

Der Wunsch, bei den abschließenden Vertragsgesprächen auch zu einem vernünftigen Ergebnis zu kommen, führt manchmal auch zu außergewöhnlichen Maßnahmen. Bei einem Gespräch im Büro der Flughafenverwaltung wurde einmal die Zeit ziemlich knapp, und ich versuchte, die Besprechung mit dem Hinweis auf meinen bedrohlich näher kommenden Abflug nach Tashkent zu beenden. Mein Gesprächspartner entgegnete, dass ein Abschluss des Gesprächs sehr wichtig sei, und ich mir keine Sorgen wegen meines Fluges machen sollte. Mit fast einstündiger Verspätung habe ich schließlich den Flughafen erreicht, wurde mit einem minimalen Aufwand an Formalitäten abgefertigt und direkt zu dem abflugbereiten Flugzeug gebracht, das angewiesen worden war, auf mich zu warten.

Auch wenn ich froh war, dass wir unser Gespräch abschließen konnten und ich meinen Flug erreicht hatte, war es alles andere als ein Vergnügen, das Flugzeug zu betreten und an der Crew und den anderen Passagieren vorbei gehen zu müssen, die meinetwegen eine Stunde in dem ansonsten startklaren Flugzeug warten mussten.

Berg-Karabach und der Armenien-Konflikt

Wer die Situation in Aserbaijan verstehen will muss wissen, dass der in den 90er Jahren mit Armenien entstandene Konflikt um das Gebiet Berg-Karabach noch immer nicht beigelegt ist, und sich die beiden Länder immer noch im Krieg befinden.

Die Feindschaft der beiden Länder aufgrund der von Armenien kontrollierten, aber mehrheitlich von Aserbaijanern bewohnten Region ist offensichtlich in der Bevölkerung tief verwurzelt. So hatte mich mein Geschäftspartner in Aserbaijan deutlich vor Aktivitäten in Armenien gewarnt. Er sagte mir einmal, als das Thema irgendwie im Raum stand, dass er mich, trotz der langjährigen und guten Zusammenarbeit, nicht mehr empfangen würde, sollte er erfahren, dass ich mich in Armenien engagieren würde. Nicht nur aus diesem Grund, aber sicher auch etwas beeinflusst durch dieses klare Statement, ist Armenien neben Lettland einer der zwei weißen Flecken auf meiner persönlichen Landkarte der von mir besuchten Länder der ehemaligen UdSSR.

Land des Feuers

Wenn man der Frage nachgeht, warum Aserbaijan „Land des Feuers" genannt wird, dann fallen zuerst die in der Umgebung von Baku allgegenwärtigen Anlagen zur Öl- und Gasförderung, überwiegend Relikte aus dem 19. Jahrhundert, auf. Die heutige Förderung erfolgt längst nicht mehr auf dem Land, sondern mit einer gigantischen Anzahl an Bohrinseln weit draußen auf dem Kaspischen Meer, die vor allem vom Flugzeug aus ein eindrucksvolles Bild ergeben.

Aber bereits lange vorher hatte man festgestellt, dass an manchen Stellen natürliches Gas an die Oberfläche tritt, und man hat dort im 17.-18. Jahrhundert die Klosteranlage Ateschgah um einen Feuertempel erbaut, in dem ohne äußeres Zutun ständig ein Feuer brannte, das von zoroastrischen oder vergleichbaren Religionen als heilige Stätte verehrt wurde.

Idyll am Badestrand

Wenn ich in den Sommermonaten in Baku war, zog ich es vor, nicht in der heißen Stadt zu wohnen, sondern reservierte mir üblicherweise ein Zimmer in einem Hotel am Strand des Kaspischen Meeres, ca. 20 km südlich von Baku. Als ich das erste Mal dorthin fuhr, war ich zuerst ziemlich skeptisch, denn südlich der Stadt durchquerten wir verkommene Ölfelder am Ufer des Kaspischen Meeres, die nicht gerade den Eindruck vermittelten, auf dem Weg in ein attraktives Strandhotel zu sein. Aber nachdem wir eine kleine Landzunge überquert hatten, war plötzlich Schluss mit der verschmutzten Landschaft, und der Blick wurde frei auf eine schöne Bucht mit Hotel- und Freizeitanlagen. Die Hotelanlage mit Pool, Restaurant, Beach-Bar und Strand bot ein angenehmes Umfeld, um nach Feierabend den Arbeitstag mit einem kühlen Bier auf der Terrasse mit Blick auf das Kaspische Meer ausklingen zu lassen.

So richtig außergewöhnlich wurde der Ausblick auf den ruhig vor der Terrasse liegenden Riesensee - denn um ein Meer im eigentlichen Sinn handelt es sich beim Kaspischen Meer überhaupt nicht – als die Dämmerung einsetzte. Bei Dunkelheit wurden die in Sichtweite vor dem Strand in den Himmel ragenden fünf Bohrinseln mehr oder weniger stimmungsvoll beleuchtet. Dadurch strahlten diese Ungetüme, die sich im Dunst des Tages eher im Hintergrund hielten, wie Christbäume, die hier irgendwie nicht hingehören, im Halbkreis um das Freizeitidyll.

Aserbaijanischer Umweltschutz

Die langjährige Präsenz der Öl- und Gasindustrie hat das Land und dessen Verhältnis zum Umweltschutz nachhaltig geprägt. Bereits bei meinem ersten Besuch hatte ich die Möglichkeit, mit einem aserischen Kollegen eine Rundfahrt über die historischen Ölfelder auf der Halbinsel Abscheron zu unternehmen. Als ich ihn angesichts der völlig verschmutzten Landschaft und der zahlreichen Seen, von denen man nicht genau weiß, ob sie aus Wasser, Öl, oder aus einem undefinierten Gemisch bestehen, fragte, ob man denn keine Gefahr sehe, dass die Umwelt durch das versickernde Öl nachhaltig geschädigt würde, gab er mir eine verblüffende Antwort. Er sagte - und ich befürchte, dass er wohl auch wirklich davon überzeugt ist - seiner Meinung nach würden wir Deutsche an Stellen Schwierigkeiten sehen, wo es keine gibt. Denn auch wenn das Öl im Boden versickere, wäre dies kein Problem, denn man würde es ja an anderer Stelle auch wieder herauspumpen.

Einen interessanten Einblick in das Umweltverständnis Aserbaijans bekam ich auch bei einer anderen Gelegenheit. Mit deutscher Unterstützung wurde versucht, die Müllabfuhr für die Stadt Baku neu zu organisieren. Hierzu wurde außerhalb von Baku eine Mülldeponie unter deutscher Leitung errichtet. Ich habe diese Anlage besucht und mich mit den Leuten unterhalten. Sie haben mir dann von einer grundlegenden Problematik erzählt, die das Vorhaben schwieriger realisieren ließ als gedacht. Denn für die aserbaijanischen Fahrer war der Weg zur Deponie schlicht zu weit. Es gab für sie einfach keinen Sinn, den eingesammelten Müll den relativ langen Weg bis zur Deponie zu fahren, statt ihn wie vorher an irgendwelchen Stellen in der Landschaft abzuladen. Um ehrlich zu sein, hat sich die Mülldeponie auch nicht wirklich von der umliegenden Gegend unterschieden.

Diese Beispiele zeigen, dass für einen Wandel der allgemeinen Einstellung zu Themen wie Umweltschutz eine Menge Überzeugungsarbeit nötig wäre, und dies ohne für den Aserbaijaner nachvollziehbaren Gründen wohl überhaupt nicht möglichsein dürfte. Eine Herausforderung für die Zukunft!

Anreise mit Hindernissen

Üblicherweise ist die Anreise nach Baku kein Problem. Viele Fluggesellschaften fliegen den Flughafen mehrmals die Woche an – von Deutschland sind die Verbindungen der Lufthansa von Frankfurt aus, der Austrian Airline über Wien oder auch der Turkish Airline über Istanbul die besten Routen, um in wenigen Stunden Aserbaijan zu erreichen.

Bei einer Anreise habe ich aber erlebt, dass es auch anders sein kann – ich denke, das war die längste Flugreise, die ich überhaupt gemacht habe. Es begann zunächst ganz normal an einem späten Nachmittag mit einem Zubringerflug nach Wien, um von dort aus nach Baku weiterzufliegen. Wir näherten uns Baku planmäßig kurz nach Mitternacht und genossen während einiger Warteschleifen den grandiosen Blick auf die nächtliche, schön beleuchtete Stadt.

Nach längerem Kreisen hörte ich dann aber ein Geräusch, das mich schlagartig beunruhigte: Das vorher gleichmäßige Brummen der Turbinen wurde lauter. Wie zur Bestätigung meines Unbehagens meldete sich kurz darauf der Pilot und teilte uns mit, dass trotz der guten Sicht auf die Stadt der etwas außerhalb liegende Flughafen aufgrund dichten Nebels nicht angeflogen werden könne. Wir würden daher in die etwa eine Flugstunde entfernte georgische Hauptstadt Tiflis fliegen und dort abwarten, bis sich der Nebel in Baku hoffentlich bald verzogen hat. Wir landeten also eine knappe Stunde später auf dem Flughafen in Tiflis und warteten. Nach wiederum einer guten Stunde meldete sich der Pilot erneut und teilte uns nun mit, dass sich die Situation in Baku noch nicht verbessert habe, er aber zur Vermeidung einer unzulässig langen Arbeitszeit der Crew keine andere Möglichkeit habe, als nach Wien zurückzufliegen. Wir hätten nun die Möglichkeit, das Flugzeug in Tiflis zu verlassen und uns selbständig die Weiterreise nach Baku zu organisieren, oder mit ihm nach Wien zurückzufliegen. Ein Visum für Georgien hatte ich nicht und konnte mir auch nur schwer vorstellen, mitten in der Nacht am Flughafen in Tiflis eine Fahrtgelegenheit nach Baku zu suchen. Also flog ich wieder mit zurück und erreichte knapp 12 Stunden nach meinem Abflug aus Wien wieder den Flughafen der österreichischen Hauptstadt.

An diesem Wochentag flog jedoch keine Maschine von Wien nach Baku, wohl aber ein Flugzeug der Lufthansa von Frankfurt. Die Austrian Airline buchte mich also entsprechend um auf einen Flug nach Frankfurt und von dort weiter nach Baku. Im Laufe des Vormittags flog ich dann zunächst wieder ein paar hundert Kilometer von Baku weg von Wien nach Frankfurt, um dort planmäßig am Nachmittag Richtung Baku abzuheben, wo ich dann am Abend ankam und endlich - mit einer Verspätung von knapp 24 Stunden - landen konnte. Mein Gepäck wurde übrigens bei der ganzen Odyssee zuverlässig transportiert und kam mit mir in Baku an – ein mitfliegender Kollege hatte weniger Glück und musste in Baku noch zwei Tage auf seinen Koffer warten.

Gepäck vermisst

Mein Gepäck ist in den vielen Jahren überhaupt ziemlich zuverlässig mit mir gereist. Einen Verlust hatte ich nie zu beklagen, lediglich einige Male kam es zu Verspätungen und Nachlieferungen.

Das kurioseste Problem mit Gepäck hatte ich auf einem Flug von Tashkent nach Baku. Eines meiner Gepäckstücke war eine stabile Aluminiumkiste, die ich als sehr praktisch empfand und auf vielen Reisen mitgenommen habe. Nach meiner Ankunft in Baku habe ich mein sonstiges Gepäck erhalten, nicht jedoch die Kiste. Für mich war es etwas unverständlich, dass ausgerechnet auf dieser Direktverbindung ein Gepäckstück verschwinden sollte, wo doch nur ein Berg Passagiergepäck in Tashkent in das kleine Flugzeug manuell ein- und in Baku wieder ausgeladen wurde, und keine „riskanten" Umsteigevorgänge erforderlich waren.

Das Gepäckstück wurde schließlich gefunden und mir mit dem nächsten Flug nachgeliefert. Interessant und bemerkenswert war jedoch die Erklärung, die mir die Fluggesellschaft bei der Nachlieferung als Grund für die Verzögerung nannte. Demnach wurde die Kiste völlig korrekt in das Flugzeug nach Baku verladen. Beim Entladen allerdings sind die Flughafenarbeiter in Baku davon ausgegangen, dass es sich bei der Aluminium-Kiste um eine Werkzeugkiste handelt, die zum Flugzeug gehört, und haben sie deshalb nicht entladen. Während in Baku nach der Kiste gesucht wurde, war sie bereits wieder auf dem Rückweg nach Tashkent. Ich denke, auf diese Weise „verschwinden" nur sehr wenige Gepäckstücke.

Übergepäck 1 – eine teure Brotzeit

Aber im Zusammenhang mit Gepäck gibt es noch andere Erlebnisse, an die ich mich erinnere. Einmal hatte ich den Kollegen auf der Baustelle in Baku versprochen, ich würde bei meinem nächsten Besuch eine fränkische Brotzeit mitbringen. So besorgte ich vor der nächsten Reise ein 5l-Faß Bier, einen Laib Brot, Butter und ein schönes Stück Schinken. Was ich allerdings nicht bedacht hatte war, dass ich mit meinem sonstigen Gepäck bereits die Freigepäckgrenze erreicht hatte und daher für jedes zusätzliche Kilo um die 20 Euro bezahlen musste. Für die insgesamt 10 kg Brotzeit wurden also um die 200 Euro Übergepäck fällig – zusätzlich zu den dagegen vergleichsweise vernachlässigbaren Einstandskosten von Bier, Brot & Co. Die „Halbe" Bier für um die 10 Euro, oder auch ein Stück Brot zu über 20 Euro je kg, verliehen der einfachen Brotzeit für mich doch eine gewisse Exklusivität, die den Gästen jedoch vermutlich nicht einmal bewusst geworden war.

Übergepäck 2 – was kostet ein Kilo Reis?

Ein anderes Mal hat mich ein Kollege gebeten, für ihn 5 kg von einem ganz bestimmten Basmati-Reis aus Baku mitzubringen. Er beschrieb mir genau, in welchem Geschäft dieser erhältlich und wie er verpackt sei. Ich habe also einen Sack Reis besorgt und in meinem normalen Frei-Gepäck nach Deutschland mitgenommen.

Am nächsten Morgen übergab ich den Sack Reis im Büro meinem Kollegen. Auf die Frage, was er mir den schuldig sei, nannte ich ihm den Preis, den ich im Geschäft bezahlt hatte, und addierte dann noch die normalen Kosten für 5 kg Übergepäck zu je 20 Euro, so dass der Preis für den Sack Reis etwas über 100 Euro betragen würde. Während der nächsten Sekunden, in denen sein Gesicht eine blasse Färbung annahm, und er sowohl nach Luft als auch nach Fassung rang, habe ich eine versteckte Kamera vermisst, die die Phase seiner absoluten Sprachlosigkeit für die Nachwelt hätte konservieren können. Entweder aufgrund meiner schlechten Eignung als Lockvogel, oder vielleicht auch aus unterbewusster Sorge um seinen Gesundheitszustand, konnte ich die Situation leider nur wenige Sekunden lang aufrechterhalten, bevor ich mir das Lachen nicht mehr länger verkneifen konnte und ihn so erlöste. Mich hätte interessiert, was er sich in diesem Moment gedacht hatte – ich werde es niemals erfahren, kann mich aber sehr gut an diese Sekunden erinnern, so wie ich sie erlebt habe.

Ausflug nach Lahic

Mein Aufenthalt in Aserbaijan dauerte normalerweise immer nur wenige Tage, so dass ich mich in diesem abwechslungsreichen Land meist nur in Baku und dessen unmittelbarer Umgebung aufgehalten habe. Geschäftlich flog ich von Baku aus jeweils einmal für paar Stunden in die zwischen der Türkei und Armenien gelegene aserbaijanische Exklave Nachitschewan und in die auf halbem Weg zwischen Baku und Tiflis liegende zweitgrößte Stadt Ganja.

Als ich allerdings Anfang der 00er Jahre doch einmal über ein Wochenende in Aserbaijan war, ließ ich für mich einen rein touristischen Ausflug arrangieren, um etwas von der vielfältigen Landschaft kennen zu lernen. Als ich am frühen Morgen von einer Reiseführerin vom Hotel abgeholt wurde und wir zu dem mit Fahrer auf uns wartenden Auto gingen, bin ich zuerst etwas erschrocken. Unser Wagen, ein älteres russisches Fabrikat, sah nicht sehr vertrauenserweckend und erst recht nicht halbwegs bequem aus, so dass ich angesichts der Gesamtstrecke von knapp 800 km, die wir uns für diesen Tag vorgenommen hatten, ein ziemlich ungutes Gefühl bekam. Es sollte sich aber herausstellen, dass die Wahl des Fahrzeugs für diesen Ausflug genau richtig war, denn ein normaler mitteleuropäischer Straßenwagen wäre mit den Anforderungen auf einem Teil unserer Strecke vermutlich hoffnungslos überfordert gewesen. Unser Ziel war das inmitten der Hochgebirgswelt des Großen Kaukasus auf einer Höhe von 1.400 m liegende Städtchen Lahic. Vom 25 m unter NN liegenden Baku ging es zunächst sanft ansteigend nach Nordwesten in Richtung Georgien.

Kurz vor der Provinzhauptstadt Ismailli bog unsere Route dann allerdings nach Norden ab und führte uns auf einer kleinen, engen und teilweise unbefestigten Bergstraße in den Großen Kaukasus bis zu dem auf knapp 1.400 m in einem Hochtal, eingerahmt von den teilweise weit über 3.000 m hohen Bergen dieses gewaltigen Gebirges, liegenden Lahic. Dieser am Ende der Straße gelegene Ort besteht aus einer Ansammlung einfacher Steinhäuser, in denen einige Kunsthandwerker den Touristen, die sich hierher verirren, z.B. selbstgefertigte Kunstwerke aus Kupfer anbieten. Dank seines authentischen, ursprünglichen Ortsbildes wurde Lahic zum Haupt-Drehort des 2008 erschienenen Films „Absurdistan" ausgewählt. Nach einer Einladung zum Tee bei einer Familie, die die Reiseführerin kannte, und einem Rundgang durch die engen Gassen traten wir unsere Rückfahrt an. Ich muss zugeben, dass ich ziemlich nervös war, ob denn die Bergstraße bei unserer Rückfahrt immer noch passierbar wäre, denn schon während unserer Hinfahrt musste der Fahrer immer wieder auf beunruhigende Weise auf der Straße liegenden Steinbrocken und unterspülten Bereichen ausweichen.

Schließlich doch gut im Tal und 300 km später auch wieder wohlbehalten in Baku angekommen konnte ich zurückblicken auf einen langen, aber sehr interessanten Ausflug in eine äußerst sehenswerte Landschaft Aserbaijans, die mit der mir bisher bekannten Umgebung von Baku in keiner Weise vergleichbar ist, und die mein Bild von Aserbaijan um einige beeindruckende Perspektiven erweitert hat.

Wintereinbruch in Baku

Auf eine ganz andere Weise lernte ich Baku kennen, als ich einmal zur Winterzeit dorthin gereist bin. Normalerweise herrscht dort im Winter durchaus ein schlechtes Wetter mit Regen, viel Nebel und geringen Temperaturen. Schnee und Eis sind jedoch ziemlich selten. Wenn es dann aber wirklich einmal schneit und gefriert, hat dies katastrophale Folgen für den Straßenverkehr, denn weder die Autos noch die Autofahrer, und erst recht nicht der „Winterdienst", sind für einen solchen Fall wirklich vorbereitet.

So erhielt ich eines Morgens den Anruf eines Kollegen, der mir mitteilte, es gäbe keinen Sinn, mir einen Fahrer zu schicken, und es wäre besser für mich, das Hotel an diesem Tag überhaupt nicht zu verlassen. Dank der modernen Kommunikationstechnik war es kein Problem, einiges an Arbeit auch im bzw. vom Hotel aus zu erledigen, und so habe ich mir einen gemütlichen Platz in einem Aufenthaltsraum im obersten Stockwerk des Hotels gesucht und dort, vor einer großen Panoramascheibe mit Blick auf die Stadt, mein mobiles Büro aufgeschlagen. Das, was ich von dort sah, machte es mir allerdings schwer, mich auf meinen Laptop zu konzentrieren. Von hier hatte ich einen genialen Überblick auf einige Straßen, Kreuzungen, und vor allem auch auf eine breite Brücke, die in einem leichten Bogen eine andere Straße überquerte. Vor allem auf dieser Brücke bot sich eine sehr unterhaltsame Show, denn es war für viele PKW, aber auch für Lastwagen und Busse unmöglich, die Steigung auf die Brücke hinauf zu überwinden. Wie Spielzeugautos sahen die kreuz und quer stehenden Fahrzeuge aus – es fehlte jedoch die aufräumende Hand, welche die Autos von oben nehmen und wieder in Fahrtrichtung auf die Straße setzen müsste. Da anzunehmen war, dass die Situation in der ganzen Stadt ähnlich sei, war es wirklich deutlich besser, sich dieses Chaos vom Hotel aus anzusehen, als hier „mitzuspielen". Am nächsten Tag war der Spuk dann vorbei, und alles begann sich wieder zu normalisieren.

Die Sache mit den Trinksprüchen

In Baku wurde ich auch das erste Mal mit der Tradition der Trinksprüche konfrontiert. Bei Geschäftsessen z.B. gab es bestimmte Regeln, teilweise bis zur Festlegung, wer in welcher Reihenfolge und zu welchem Thema einen Toast ausbringen sollte. Üblich ist es, dass der Einladende die Gruppe begrüßt, der - ranghöchste - Eingeladene sich bedankt, und der Gastgeber am Ende die Tafel aufhebt. Dazwischen werden von den übrigen Teilnehmern Trinksprüche formuliert, z.B. „auf die Frauen", „auf die Freundschaft", „auf die Eltern" usw. Themen finden sich genügend mit Bezug auf die Gruppe - wenn wir mit Flughafenleuten zusammen waren, durfte ein Toast „auf die Luftfahrt" nicht fehlen – oder auf den konkreten Anlass der Einladung, z.B. „auf die gute Zusammenarbeit". Dabei ist ein Trinkspruch, vor allem in Aserbaijan, eigentlich eine wohlformulierte kleine Rede, zu der sich der Redner erhebt, und der die Gruppe aufmerksam zuhört. Die Aserbaijaner haben dabei den Ruf, dass ihre Trinksprüche verhältnismäßig ausschweifend und lang sind. So wurde ich in anderen Ländern der ehemaligen UdSSR mehrfach angesprochen, ob ich denn die Praxis der Trinksprüche in Aserbaijan gelernt hätte.

Im Übrigen führt die Praxis der Trinksprüche nicht zwangsläufig zu einem übermäßigen Alkoholgenuss. Man kann sich sehr wohl an einem Glas Wodka einen Abend lang „festhalten". Derjenige, der einen Toast ausbringen möchte, füllt die Gläser der anderen auf – sollte ein Glas noch voll sein, dann nur symbolisch. Nach dem Anstoßen kann jemand ebenso symbolisch nur an dem Glas nippen und sich ansonsten an die prinzipiell zum Wodka gereichten Säfte oder an Mineralwasser halten. Es ist auch unüblich, Wodka zusammen mit anderen alkoholischen Getränken zu sich zu nehmen. Wenn man sich daran hält und einen hochqualitativen Wodka gewählt hat, kann man aber auch problemlos mehrere Gläsern Wodka trinken, ohne davon schnell betrunken zu werden oder am nächsten Morgen mit Kopfschmerzen aufzuwachen. Man kann sich aber auch ganz selbstverständlich statt für Wodka auch für Wein oder Bier als sein persönliches Getränk des Abends entscheiden.

Meine Beschreibung bezieht sich auf die Praxis bei gesellschaftlichen und geschäftlichen Anlässen, so wie ich sie in diesem Rahmen erlebt habe. Selbstverständlich gibt es bei weniger formellen oder privaten Anlässen auch Gesellschaften, in denen für uns unvorstellbare Mengen an Wodka getrunken werden - es wird jedoch nach meiner Erfahrung sehr darauf geachtet, dass man entweder Alkohol trinkt oder Auto fährt. Selbst diejenigen, die bei entsprechenden Gelegenheiten normalerweise gerne und viel Alkohol trinken, bleiben nach meiner Beobachtung enthaltsam, wenn sie mit dem Auto unterwegs sind.

Das Abendmahl

Neben den lokalen Eigenheiten beim Trinken möchte ich eine Gewohnheit beim Essen in Gesellschaft nicht unerwähnt lassen, die ich sonst nur aus meinem Religionsunterricht kannte. Zu den gewählten Speisen wird üblicherweise Fladenbrot gereicht, das mit als erstes serviert wird. Es ist nun die Aufgabe des Gastgebers, dieses Brot zu brechen und dann den Gästen in handlichen Stücken anzubieten. Das ist für mich ein sehr gutes Beispiel dafür, wie in unserer Religion Handlungen praktiziert werden, die wir allzu schnell als altertümlich und religiös begründet bezeichnen, die aber sehr wohl auch heute in anderen Ländern, unabhängig von religiösen Riten, ganz normale gesellschaftliche Praxis sind. Als Gast habe ich diese Geste zudem als Ausdruck von Gastfreundschaft und Höflichkeit empfunden.

Irish Pub

In den 10 Jahren, in denen ich immer wieder in Baku war, konnte ich die Veränderungen recht gut mitverfolgen. Das Leben in der Stadt steht und fällt mit dem Ölgeschäft und den Ausländern, die deswegen im Land sind. Wer ein Stimmungsbild über die aktuelle Situation bekommen will, braucht nur abends in den Irish Pub zu gehen. Zu Zeiten, in denen z.B. der Bau der Pipeline von Baku bis an die türkische Mittelmeerküste viele ausländische Arbeitskräfte in das Land gezogen hatte, war es fast unmöglich, in diesem Treffpunkt vieler Nationen einen Stehplatz zu finden. Nachdem diese Aktivitäten aber mit Fertigstellung der Pipeline im Jahre 2006 abgeschlossen waren, verschwanden auch die daran mitarbeitenden Ausländer. Bei meinem letzten Besuch war ich der einzige Gast in einem trostlos wirkenden Pub, und selbst das Bier wurde nur aus Flaschen ausgeschenkt, da sich der Anstich eines Fasses nicht lohnte.

Es bleibt abzuwarten, wie sich die Einbindung in die europäische Wirtschaft, auch unabhängig von Öl und Gas, weiterentwickelt. Die Regierung unternimmt viele Anstrengungen, um das Land in der westlichen Staatengemeinschaft bekannt und attraktiv zu machen, und veranstaltete mit einem immensen Aufwand internationale Events, wie den Eurovision Song Contest oder die European Games 2015, aber wegen des nach wie vor schlechten Rufes des Landes bzgl. Menschenrechten, Pressefreiheit und Korruption dürften diese Versuche nur bedingt erfolgreich sein, und der Irish Pub wird noch länger auf eine nennenswerte Erweiterung seines Kundenkreises warten dürfen.

Kaviar

Inzwischen ist die Herstellung von schwarzem Kaviar auch in den Herkunftsländern wie Aserbaijan eingeschränkt und streng reglementiert. Wenn man heute überhaupt noch Kaviar bekommt, dann nur zu einem utopischen Preis. Als ich die erste Zeit in Baku war, war die Situation hier noch völlig anders. So bin ich üblicherweise mit meinem Fahrer auf den Markt gegangen und habe mich von ihm zu Händlern führen lassen, die Kaviar angeboten haben. Dort konnte ich verschiedene Arten probieren und mich für eine Sorte entscheiden, die mir bezüglich Geschmack und Konsistenz am meisten zusagte. Für ein Kilogramm bezahlte ich den extrem günstigen Preis von um die 100 USD und bekam die Delikatesse in mehrere Plastiktüten verpackt zum Transport nach Hause.

Es war immer etwas schwierig, den Kaviar im Reisegepäck so zu verstauen, dass er keinen Schaden nimmt, und so habe ich im Laufe der Zeit einige Varianten ausgetestet. Ein Kollege hatte mir beispielsweise empfohlen, die wertvolle Fracht, gut in Plastiktüten verpackt, in die Schuhe zu stecken und mit diesen im Koffer zu verstauen. Für den Kaviar war diese Transportverpackung auch sehr gut – allerdings konnte ich die Schuhe dann längere Zeit nicht mehr anziehen, da sie trotz mehrerer Lagen Plastiktüten immer noch intensiv nach Fisch gerochen haben.

In Deutschland war eine Menge von einem Kilogramm natürlich sehr groß, zumal sich Kaviar – frisch, offen verpackt und ohne Konservierungsmittel - ja auch nur wenige Wochen aufheben ließ. Mein Sohn war ein guter Abnehmer, aber nachdem wir ihm einmal ein Kaviarbrot mit in den Kindergarten gegeben hatten, und er auf Nachfrage erzählt hat, wir hätte so viel Kaviar zu Hause, dass wir Probleme hätten ihn zu essen, bevor er schlecht würde, haben wir darauf verzichtet, um nicht den Eindruck zu erwecken, er wäre der Sohn einer abgehobenen Snob-Familie.

Public Viewing

Eine Geschichte möchte ich noch ergänzen, die ich nicht selbst erlebt habe, die mir aber unser Bauleiter erzählt hat. Demnach hatte er das Baustellen-Team eingeladen, sich zusammen über Satellit ein Länderspiel der deutschen Fußball-Nationalmannschaft anzusehen. Er hatte alles besorgt, was zu einem stilvollen Public-Viewing-Event erforderlich sei, und so warteten sie auf den Anstoß. Als der vorherige Programmpunkt beendet war und eigentlich die Fußball-Übertragung beginnen sollte, erschien jedoch zur allgemeinen Bestürzung statt des Bildes eines Fußballstadions ein eingeblendeter Text, der die Zuschauer darüber informierte, dass die Fußballübertragung an diesem Standort aus lizenzrechtlichen Gründen leider nicht möglich sei. Ein stattdessen ausgestrahlter Naturfilm konnte die Gruppe nicht wirklich begeistern, so dass der Event dann notgedrungen zum Public-Viewing ohne Viewing wurde - also einem gemütlichen Beisammensein mit Shashlik und Bier.

Albanien

Das kleine südosteuropäische Land habe ich Mitte der 90er Jahre einmal besucht – nicht lange, nachdem die Jahrzehnte dauernde und über die meiste Zeit von Enver Hoxha geprägte Diktatur zusammengebrochen war. Während der Diktatur war Albanien vom Rest der Welt weitgehend abgeschottet und weder wirtschaftlich noch touristisch zugänglich.

Die Rückständigkeit der Infrastruktur konnte ich bereits kurz nach der Ankunft erleben, als ich mein Gepäck abholen wollte. Ein Gepäckband, auf dem das Gepäck zu den wartenden Passagieren transportiert wird, gab es nicht. Wir warteten in einem Raum, in dem ein Bereich mit einer kleinen Stolperkante abgeteilt war, und in den von außen das Gepäck von Flughafenmitarbeitern einzeln gebracht und dort am Rande der Reihe nach aufgestellt wurde. Nach einer Phase des absoluten

Durcheinanders hatte aber dann am Ende doch jeder seinen Koffer.

Auf meiner Fahrt vom Flughafen in die Hauptstadt Tirana machte mich ein Kollege auf die Betonpfosten aufmerksam, an denen die Haltedrähte für Rebstöcke befestigt waren. Auf jedem der Pfosten war oben eine scharfe Lanze eingelassen. Dies soll von Enver Hoxha mit der Begründung veranlasst worden sein, dass die Grenzen gegen Feinde gut geschützt seien, und die einzige Möglichkeit des Eindringens der Weg aus der Luft wäre. Sollten Feinde versuchen, von oben her in das Land einzudringen, sollten sie von diesen Lanzen aufgespießt werden.

Wir hatten den Auftrag, die Befeuerungsanlage am Flughafen in Tirana zu erneuern, und auch im Zuge dieser Arbeiten lernten wir einige Besonderheiten dieses Landes kennen. So führten Streitigkeiten zwischen dem Flughafen und seinen Nachbarn dazu, dass das Territorium des Flughafens nicht eindeutig vermessen und eingezäunt werden konnte, und dass unsere Arbeiten massiv und sogar unter Einsatz von Gewalt behindert wurden. Letztlich war es nötig, die Baustelle Tag und Nacht durch eine bewaffnete „Privatarmee" eines Sicherheitsdienstes bewachen zu lassen, um nicht zu riskieren, dass die tagsüber durchgeführten Arbeiten in der folgenden Nacht wieder zerstört und das verbaute Material gestohlen wurde. Dies dürfte der Baustelle eine gewisse Einzigartigkeit verliehen haben, genau wie die Tatsache, dass man im Land damals telefonisch überhaupt nicht erreichbar war, und wir uns extra ein damals noch sehr großes und teures Satellitentelefon mitnehmen mussten, um eine Kommunikation zwischen der Baustelle und Deutschland zu ermöglichen.

Seit dieser Zeit war ich nicht mehr dort, aber aus den Erzählungen anderer schließe ich, dass das exotische Land inzwischen zu einem ganz normalen europäischen Land geworden ist, in dem die übliche Infrastruktur zur Verfügung steht. Schließlich ist Albanien als Beitrittskandidat zur Europäischen Union inzwischen ein in das heutige Europa eingebundenes, modernes Land.

In der Luft

Rückblickend kann ich feststellen, dass ich auf all meinen Reisen nie ernsthafte Probleme gehabt habe. Die - teilweise ziemlich exotischen - Flugzeuge haben mich letztlich immer gut ans Ziel gebracht. Meist habe ich die Zeit an Bord genossen und die Situation der Unerreichbarkeit genutzt, um Aufgaben zu erledigen, zu denen ich sonst keine Ruhe hatte, oder ungestört Musik zu hören und mich zu entspannen.

ALS und ich

Die amyotrophe Lateralsklerose (ALS) ist eine relativ seltene, neuromuskuläre Erkrankung, die weitgehend unbekannt ist. Etwas in das Licht der Öffentlichkeit gerückt wurde die Krankheit dadurch, dass sich im Sommer 2014 weltweit Hunderttausende im Rahmen der „ALS Ice Bucket Challenge" einen Kübel Eiswürfel über den Kopf gekippt und ein Filmchen darüber ins Internet gestellt haben. Man kann über diese Aktion geteilter Meinung sein, aber auf jeden Fall sind nicht unerhebliche Spenden von weltweit an die 100 Mio. USD zugunsten der Forschung an den immer noch nicht klaren Ursachen der Erkrankung und möglichen Behandlungsansätzen bei den entsprechenden Stellen, wie z.B. der Deutschen Gesellschaft für Muskelkranke (DGM), eingegangen.

Als Techniker kann ich die Krankheit am anschaulichsten so beschreiben: Die Ausgabebaugruppen (Motoneuronen), mit der über Kabel (Nerven) die verschiedenen Motoren (Muskeln) vom Zentralcomputer (Gehirn) angesteuert werden, sind defekt, so dass die eigentlich funktionierenden Motoren (Muskeln) nicht mehr angesteuert werden können. Im Laufe der Zeit bilden sich die nicht mehr verwendeten Muskeln zurück, was zu dem, wie die Krankheit auch genannt wird, „Muskelschwund" führt. Davon betroffen sind alle Muskeln, die man normalerweise bewusst ansteuert.

Muskeln, die im Körper ohne bewusste Kontrolle durch das Gehirn selbständig arbeiten, wie z.B. das Herz oder die Verdauung, sind nicht eingeschränkt.

Bei mir hat die Krankheit bis heute meine Arme vollständig und meine Beine weitgehend funktionsunfähig gemacht, die Rumpf- und Nackenmuskulatur hält meinen Oberkörper und den Kopf nur noch bedingt aufrecht. Infolge einer Schwächung der Atemmuskulatur muss ich im Liegen und bei Bedarf auch sonst künstlich beatmet werden; wegen einer Einschränkung der Mundmotorik kann ich nicht mehr essen und trinken und auch nur noch ziemlich unverständlich sprechen. Aus einem an sich gesunden und aktiven Menschen ist im Laufe von fünf Jahren ein unselbständiger und rund-um-die-Uhr auf Hilfsmittel und Unterstützung angewiesener Pflegefall geworden. Statt mich souverän und selbständig in der halben Welt zu bewegen, ist der Mittelpunkt meines Lebens nun ein Zimmer in unserer Wohnung, in dem ich die benötigten Hilfsmittel zur Verfügung habe, und von wo aus ich über verschiedene Computer zumindest schriftlich mit dem Rest der Welt kommunizieren kann. Meine Aktivitäten außer Haus beschränken sich auf gelegentliche Rollstuhl-Ausflüge und hin und wieder einen Besuch im Kino, im Theater oder bei Freunden. Verglichen mit der durchschnittlichen Lebenserwartung, die für ALS-Erkrankte in Veröffentlichungen mit 3-5 Jahren ab Diagnose angegeben wird, geht es mir damit aber noch verhältnismäßig gut.

Für einfallslose Patienten ist ALS übrigens eine ungeeignete Krankheit. Einen nicht unwesentlichen Teil an Zeit und Kreativität muss man für die Beschaffung von Hilfsmitteln, manchmal auch deren Erfindung, sowie deren Anpassung und Anwendung im Alltag aufwenden. Dabei sollte man der Krankheit immer einen Schritt voraus sein, damit man trotz eines längeren Genehmigungs- und Lieferzeitraums das Hilfsmittel spätestens dann wirklich zur Verfügung hat, wenn man es braucht.

Epilog

Ich behaupte sicher nicht, dass ich glücklich bin, von dieser Krankheit betroffen zu sein, aber wenn es nun mal so ist, gibt es eine Menge Gründe in der gegebenen Situation, über die ich mich freue.

Ich bin glücklich, eine Ehefrau und eine Familie zu haben, die mit viel Engagement und Liebe diesen auch für sie schwierigen und oftmals frustrierenden Weg mit mir gehen und mich, wie und wo immer möglich, mit all ihrer Kraft unterstützen.

Ich bin glücklich darüber, dass meine Erkrankung nicht vererblich ist und ich mir daher keine Gedanken um eine mögliche Erblast machen muss, die ich meinen Kindern auf ihren Weg mitgegeben hätte.

Ich bin glücklich darüber, Freunde zu haben, die nicht den einfachen Weg gehen, sich von mir zurückzuziehen, sondern die nach wie vor den Kontakt suchen und sich mit viel Geduld z.B. auf die umständliche Kommunikation über einen Sprachcomputer einlassen.

Ich bin glücklich, ein Team von Ärzten, Therapeuten und Pflegekräften um mich zu haben, das eine optimale Betreuung sicherstellt.

Ich bin glücklich darüber, dass ich in Deutschland mit seinem Gesundheitswesen leben darf, in dem die medizinischen Möglichkeiten und die Verfügbarkeit von Hilfsmitteln auf sehr hohem Niveau liegen.

Ich bin glücklich darüber, dass ich auf Seiten der Krankenkasse, des MDK und anderer Versicherungen und Behörden immer auf die Bereitschaft gestoßen bin, mir optimal zu helfen, und ich nie mit Ablehnung von Leistungen und daraus entstehenden Streitigkeiten konfrontiert wurde.

Ich bin glücklich darüber, dass unsere Wohnung mit vernünftigem Aufwand an meine Bedürfnisse angepasst werden konnte, und ich so den Umzug in ein Pflegeheim vermeiden konnte.

Ich bin glücklich darüber, dass die Diagnose bei mir frühzeitig und korrekt erfolgt ist, und mir so eine Odyssee mit unterschiedlichen Diagnose- und Behandlungsversuchen, wie sie viele Betroffene erleben, erspart geblieben ist.

Ich bin glücklich, dass ich geordnet mein Leben beschließen kann und nicht z.B. mit einem Flugzeug abgestürzt bin, das aus Versehen von irgendjemandem über der Ukraine abgeschossen oder von einem psychisch kranken Piloten bewusst gegen einen Berg geflogen wurde.

Ich bin glücklich, dass ich mir persönlich keine „Mitschuld" an der Erkrankung geben muss, denn das Auftreten der Krankheit scheint rein zufällig zu sein und in keinem Zusammenhang mit der Lebensweise zu stehen, im Gegensatz z.B. zur Erhöhung des Risikos als starker Raucher an Lungenkrebs zu erkranken. Das einzige, was mir hier etwas zu denken gibt, sind Berichte über neurologische Erkrankungen im Zusammenhang mit dem Auftreten von Öldämpfen in der Kabinenluft von Flugzeugen. Aber auch darüber gibt es keine belastbaren Untersuchungen, die einen möglichen Zusammenhang konkret mit der Erkrankung an ALS beschreiben.

Ich bin glücklich darüber, heute und nicht vor einigen Jahrzehnten erkrankt zu sein, als es noch keine Kommunikationsgeräte, Computer, E-Mails, E-Books, E-papers, Kopfsteuerungen usw. gab. Zu dieser Zeit hätte eine wesentliche Möglichkeit zu sinnvoller Beschäftigung und Kommunikation nicht bestanden, und ich wäre in meiner Situation weitgehend zur Untätigkeit verdammt gewesen.

Ich bin auch glücklich darüber, dass insbesondere durch die Vorsorge in Form einer privaten Berufsunfähigkeitsversicherung trotz meiner frühzeitigen Verrentung sowohl die wirtschaftliche Grundlage von mir und meiner Familie weiter gesichert ist, mir aber auch der finanzielle Spielraum bleibt, erforderliche und nicht von der Krankenkasse bezahlte Hilfsmittel, Medikamente und Umbauarbeiten finanzieren zu können. In diesem Zusammenhang hier auch meine gut gemeinte Empfehlung, dass sich jeder, der das noch nicht getan hat, mit diesem Thema auseinandersetzen sollte – und zwar solange er gesund ist.

Ich bin sogar etwas glücklich, dass durch meinen krankheitsbedingten Ausstieg aus dem Berufsleben mir die Auseinandersetzung mit den aus meiner Sicht immer schlechter werdenden Rahmenbedingungen für Tätigkeiten, wie ich sie über viele Jahre mit viel Engagement und Freude ausgeführt habe, erspart geblieben ist .

Alles in allem muss ich die Situation so akzeptieren, wie sie ist; die weitere Entwicklung lässt sich nicht vorhersagen, und es wird sich zeigen, wie lange das Leben für mich noch lebenswert ist, und wann ich mich ggf. dazu entschließe, die lebenserhaltenden Maßnahmen zu beenden und dieses Leben in Würde zu verlassen. Bis dahin halte ich es mit der Devise:

„Resignieren kann ich mir sparen,
 denn das bringt ja sowieso nichts"